M. Tullius Cicero

Reden gegen Verres V

Zweite Rede gegen C. Verres
Viertes Buch

Lateinisch / Deutsch

Übersetzt und herausgegeben
von Gerhard Krüger

Philipp Reclam jun. Stuttgart

Universal-Bibliothek Nr. 4017

Gesamtherstellung: Reclam, Ditzingen. Printed in Germany 1996

ISBN 3-15-004017-5

M. Tulli Ciceronis
actionis in C. Verrem secundae

liber quartus

qui inscribitur de signis

Zweite Rede des M. Tullius Cicero
gegen C. Verres

Viertes Buch

Über die Statuen

1 (1) Venio nunc ad istius, quem ad modum ipse appellat, studium, ut amici eius, morbum et insaniam, ut Siculi, latrocinium; ego quo nomine appellem nescio; rem vobis proponam, vos eam suo non nominis pondere penditote. Genus ipsum prius cognoscite, iudices; deinde fortasse non magno opere quaeretis quo id nomine appellandum putetis. Nego in Sicilia tota, tam locupleti, tam vetere provincia, tot oppidis, tot familiis tam copiosis, ullum argenteum vas, ullum Corinthium aut Deliacum fuisse, ullam gemmam aut margaritam, quicquam ex auro aut ebore factum, signum ullum aeneum, marmoreum, eburneum, nego ullam picturam neque in tabula neque in textili quin conquisierit, inspexerit, quod placitum sit abstulerit. (2) Magnum videor dicere: attendite etiam quem ad modum dicam.Non enim verbi neque criminis augendi causa complector omnia: cum dico nihil istum eius modi rerum in tota provincia reliquisse, Latine me scitote, non accusatorie loqui. Etiam planius: nihil in aedibus cuiusquam, ne in *hospitis* quidem, nihil in locis communibus, ne in fanis quidem, nihil apud Siculum, nihil apud civem Romanum, denique nihil istum, quod ad oculos animumque acciderit, neque privati neque publici neque profani neque sacri tota in Sicilia reliquisse.

(3) Unde igitur potius incipiam quam ab ea civitate quae tibi una in amore atque in deliciis fuit, aut ex quo potius numero

1 (1) Ich komme jetzt zu dem, was Verres selbst als eine Liebhaberei bezeichnet, seine Freunde als krankhafte Sucht, die Sizilier als offenen Raub. Mit welchem Namen ich es bezeichnen soll, weiß ich nicht. Ich will euch die Sache vor Augen führen; ihr mögt sie nach ihrem wahren Gewicht, nicht nach dem des Namens beurteilen. Lernt zuerst den Sachverhalt selbst kennen, ihr Richter[1]; vielleicht braucht ihr dann nicht mehr viel zu fragen, mit welchem Namen ihr ihn bezeichnen sollt. Ich behaupte: in ganz Sizilien, einer so wohlhabenden, so alten Provinz, in so vielen Städten, in so vielen so reichen Häusern hat es kein silbernes, kein korinthisches oder delisches Gefäß[2] gegeben, keinen Edelstein[3], keine Perle, keine Arbeit aus Gold oder Elfenbein, keine Statue aus Erz, Marmor oder Elfenbein – ich behaupte, es hat kein Gemälde, weder auf Holz noch auf Leinwand gegeben, das er nicht aufgespürt, begutachtet und, wenn es ihm gefiel, weggenommen hätte. (2) Ich scheine eine kühne Behauptung aufzustellen; doch beachtet auch, wie ich sie vortrage. Denn nicht um große Worte zu machen und das Verbrechen aufzubauschen, erwähne ich alles vollständig. Wenn ich behaupte, Verres habe in der ganzen Provinz nichts von derartigen Dingen zurückgelassen, so müßt ihr wissen, daß ich in normalem Latein, nicht nach der üblichen Art eines Anklägers spreche. Noch deutlicher: nichts hat er in jemandes Haus, nicht einmal in dem eines Gastfreundes, nichts an öffentlichen Plätzen, nicht einmal in Tempeln, nichts bei einem Sizilier, nichts bei einem römischen Bürger – mit einem Wort, nichts, was ihm vor die Augen kam und sein Verlangen weckte, weder privates noch öffentliches Eigentum, weder weltliches noch geweihtes hat er in ganz Sizilien zurückgelassen.

(3) Womit könnte ich nun besser beginnen als mit der Gemeinde, die sich deiner besonderen Liebe und Zuneigung erfreute,[4] oder mit welchem Personenkreis besser als gerade

quam ex ipsis laudatoribus tuis? Facilius enim perspicietur qualis apud eos fueris qui te oderunt, qui accusant, qui persequuntur, cum apud tuos Mamertinos inveniare improbissima ratione esse praedatus.

2 C. Heius est Mamertinus – omnes hoc mihi qui Messanam accesserunt facile concedunt – omnibus rebus illa in civitate ornatissimus. Huius domus est vel optima Messanae, notissima quidem certe et nostris hominibus apertissima maximeque hospitalis. Ea domus ante istius adventum ornata sic fuit ut urbi quoque esset ornamento; nam ipsa Messana, quae situ moenibus portuque ornata sit, ab his rebus quibus iste delectatur sane vacua atque nuda est. (4) Erat apud Heium sacrarium magna cum dignitate in aedibus a maioribus traditumperantiquum, in quo signa pulcherrima quattuor summo artificio, summa nobilitate, quae non modo istum hominem ingeniosum et intellegentem, verum etiam quemvis nostrum, quos iste idiotas appellat, delectare possent, unumCupidinis marmoreum Praxiteli; nimirum didici etiam, dum in istum inquiro, artificum nomina. Idem, opinor, artifex eiusdem modi Cupidinem fecit illum qui est Thespiis, propter quem Thespiae visuntur; nam alia visendi causa nulla est. Atque ille L. Mummius, cum Thespiadas, quae ad aedem Felicitatis sunt, ceteraque profana ex illo oppido signa tolleret, hunc marmoreum Cupidinem, quoderat consecratus, non attigit.

3 (5) Verum ut ad illud sacrarium redeam, signum erat hoc quod dico Cupidinis e marmore, ex altera parte Hercules egregie factus ex aere. Is dicebatur esse Myronis, ut opinor, et certe. Item ante hos deos erant arulae, quae cuivis religionem

mit deinen Lobrednern? Denn leichter wird man sich dann vorstellen können, wie du dich bei denen aufgeführt hast, die dich hassen, dich anklagen, dich gerichtlich verfolgen, wenn sich herausstellt, daß du dich bei deinen Mamertinern[5] auf ganz unverschämte Weise bereichert hast.

2 Der Mamertiner C. Heius ist – das werden mir alle, die nach Messana gekommen sind, leicht zugeben – in jeder Hinsicht der angesehenste Mann in dieser Stadt. Sein Haus ist wohl das schönste in Messana, jedenfalls das bekannteste und eins, das unseren Leuten weit offensteht und sich als besonders gastfreundlich erweist. Dieses Haus war vor der Ankunft des Verres so reich an schmuckvollen Dingen, daß es auch ein Schmuck der Stadt war. Denn Messana selbst, das sich zwar durch seine Lage, die Mauer und den Hafen auszeichnet, ist von den Dingen, an denen Verres seine Freude hat, ganz leer und bloß. (4) Im Hause des Heius gab es eine überaus ehrwürdige, von den Vorfahren überkommene sehr alte Kapelle, in der vier wunderschöne Statuen standen, die mit größter Kunst und in edelstem Stil gearbeitet waren – sie konnten nicht nur diesen feinsinnigen Kunstkenner, sondern auch jeden von uns, die er Laien nennt, erfreuen. Eine davon aus Marmor war eine Statue des Cupido, eine Arbeit des Praxiteles[6]; natürlich habe ich auch, während ich die Untersuchung gegen Verres führte, die Namen der Künstler kennengelernt.[7] Derselbe Künstler hat, glaube ich, den berühmten Cupido von der gleichen Art geschaffen, der in Thespiae[8] steht und dessentwegen man Thespiae besucht; denn sonst gibt es für den Besuch des Ortes keinen Grund. Und als der berühmte L. Mummius[9] die Thespiaden[10], die neben dem Tempel der Felicitas[11] stehen, aus der Stadt wegnahm, hat er diesen Cupido aus Marmor nicht angerührt, weil er geweiht war.

3 (5) Doch um auf die Kapelle zurückzukommen: die Statue, von der ich spreche, war ein Bildnis des Cupido aus Marmor. Auf der anderen Seite stand ein Herkules, eine vorzügliche Arbeit aus Erz. Es hieß, es sei ein Werk des Myron[12], glaube ich – ja richtig. Und vor diesen Göttern

sacrari significare possent. Erant aenea duo praeterea signa, non maxima verum eximia venustate, virginali habitu atque vestitu, quae manibus sublatis sacra quaedam more Atheniensium virginum reposita in capitibus sustinebant; Canephoroe ipsae vocabantur; sed earum artificem – quem? quemnam? recte admones – Polyclitum esse dicebant. Messanam ut quisque nostrum venerat, haec visere solebat; omnibus haec ad visendum patebant cotidie; domus erat non domino magis ornamento quam civitati. (6) C. Claudius, cuius aedilitatem magnificentissimam scimus fuisse, usus est hoc Cupidine tam diu dum forum dis immortalibus populoque Romano habuit ornatum, et, cum hospes esset Heiorum, Mamertini autem populi patronus, ut illis benignis usus est ad commodandum, sic ipse diligens fuit ad reportandum. Nuper homines nobilis eius modi, iudices, – sed quid dico 'nuper'? immo vero modo ac plane paulo ante vidimus, qui forum et basilicas non spoliis provinciarum sed ornamentis amicorum, commodis hospitum non furtis nocentium ornarent; qui tamen signa atque ornamenta sua cuique reddebant, non ablata ex urbibus sociorum atque amicorum quadridui causa, per simulationem aedilitatis, domum deinde atque ad suas villas auferebant. (7) Haec omnia quae dixi signa, iudices, ab Heio e sacrario Verres abstulit; nullum, inquam, horum reliquit neque aliud ullum tamen praeter unum pervetus ligneum, Bonam Fortunam, ut opinor; eam iste habere domi suae noluit.

standen auch kleine Altäre, die jedem die Heiligkeit der Kapelle anzeigen konnten. Es gab dort außerdem zwei Statuen aus Erz, nicht sehr groß, aber von hervorragender Schönheit, in jungfräulicher Gestalt und Kleidung. Sie hielten nach Art der athenischen Jungfrauen mit erhobenen Händen heilige Geräte, die sie auf dem Kopfe trugen; man nannte sie Kanephoren[13]. Doch der Künstler – wer war es doch, wer denn nur? Du erinnerst mich richtig[14]: es sei Polyklet[15], sagte man. Sowie einer unserer Landsleute nach Messana kam, pflegte er diese Kunstwerke zu besichtigen; allen waren sie täglich zur Besichtigung zugänglich. Das Haus war ein Schmuckstück ebenso für die Stadt wie für den Hausherrn. (6) C. Claudius, der sein Ädilenamt, wie wir wissen, mit großer Prachtentfaltung geführt hat,[16] bediente sich dieses Cupidos so lange, wie er das Forum für die unsterblichen Götter und das römische Volk geschmückt hatte, und da er ein Gastfreund der Heier und Schutzherr der Bevölkerung von Messana war, erfreute er sich ihrer Gefälligkeit in dem Maße, daß sie ihm das Bildwerk liehen, so wie er sorgfältig darauf achtete, daß es zurückgeschafft wurde. Erst kürzlich haben ebenso bekannte Männer, ihr Richter – doch was sage ich kürzlich? Nein, eben noch und noch ganz vor kurzem haben wir erlebt, wie solche Männer das Forum und die Säulenhallen nicht mit dem, was sie in den Provinzen geraubt hatten, sondern mit den Kunstschätzen ihrer Freunde und den Leihgaben ihrer Gastgeber und nicht mit dem Diebesgut von Missetätern[17] schmückten. Doch sie gaben einem jeden seine Statuen und Kunstschätze wieder zurück und schafften sie nicht aus den Städten der Bundesgenossen und Freunde für vier Tage fort, angeblich für die Ädilenspiele, und brachten sie dann in ihr Haus und auf ihre Landgüter. (7) Alle Bildwerke, die ich genannt habe, ihr Richter, hat Verres dem Heius aus seiner Kapelle weggenommen; keins davon, sage ich, ließ er zurück oder doch kein anderes als ein sehr altes hölzernes Bildwerk einer Göttin des Guten Schicksals[18], wie ich glaube; die wollte er nicht in seinem Hause haben.

4 Pro deum hominumque fidem! quid hoc est? quae haec causa est, quae ista impudentia? Quae dico signa, antequam abs te sublata sunt, Messanam cum imperio nemo venit quin viserit. Tot praetores, tot consules in Sicilia cum in pace tum etiam in bello fuerunt, tot homines cuiusque modi – non loquor de integris, innocentibus, religiosis – tot cupidi, tot improbi, tot audaces, quorum nemo sibi tam vehemens, tam potens, tam nobilis visus est qui ex illo sacrario quicquam poscere aut tollere aut attingere auderet: Verres quod ubique erit pulcherrimum auferet? nihil habere cuiquam praeterea licebit? tot domus locupletissimas istius domus una capiet? Idcirco nemo superiorum attigit ut hic tolleret? ideo C. Claudius Pulcher rettulit ut C. Verres posset auferre? At non requirebat ille Cupido lenonis domum ac meretriciam disciplinam; facile illo sacrario patrio continebatur; Heio se a maioribus relictum esse sciebat in hereditate sacrorum, non quaerebat meretricis heredem.
(8) Sed quid ego tam vehementer invehor? verbo uno repellar. 'Emi,' inquit. Di immortales, praeclaram defensionem! Mercatorem in provinciam cum imperio ac securibus misimus, omnia qui signa, tabulas pictas, omne argentum, aurum, ebur, gemmas coemeret, nihil cuiquam relinqueret! Haec enim mihi ad omnia defensio patefieri videtur, emisse. Primum, si id quod vis tibi ego concedam, ut emeris, – quoniam in toto hoc genere hac una defensione usurus es, – quaero cuius modi tu iudicia Romae putaris esse, si tibi hoc quemquam concessurum putasti, te in praetura atque impe-

4 So wahr mir Götter und Menschen helfen mögen, was ist das für ein Zustand, was ist dies für eine Sache, was für eine Unverschämtheit? Bevor du die von mir genannten Statuen weggenommen hast, ist niemand im Besitz der höchsten Amtsgewalt nach Messana gekommen, der sie nicht besichtigt hat. So viele Prätoren, so viele Konsuln sind im Frieden und auch im Kriege in Sizilien gewesen, so viele Menschen jeder Art – ich spreche nicht von den lauteren, untadligen und gewissenhaften Leuten –, so viele habgierige, so viele unredliche, so viele unverschämte Burschen, aber keiner von ihnen kam sich so stark, so mächtig, so hochrangig vor, daß er es gewagt hätte, aus dieser Kapelle etwas zu verlangen oder wegzunehmen oder auch nur anzurühren. Verres dagegen sollte wegnehmen dürfen, was überall das Schönste ist? Niemandem außer ihm sollte es erlaubt sein, etwas zu besitzen? Hat deshalb keiner seiner Vorgänger etwas angerührt, damit er es sich aneigne? Hat C. Claudius Pulcher die Leihgaben deshalb zurückgegeben, damit C. Verres sie wegnehmen könne? Aber jener Cupido verlangte nicht nach dem Haus eines Wüstlings und nach seiner Dirnenwirtschaft; er wußte, daß er dem Heius von den Vorfahren als geheiligtes Erbstück hinterlassen war, und fragte nicht nach dem Erben einer Dirne.[19]

(8) Doch was lege ich mich so heftig ins Zeug? Ein Wort wird mich zurücktreiben. »Ich habe gekauft«, sagte er. Ihr unsterblichen Götter, eine herrliche Verteidigung! Einen Kaufmann haben wir mit oberster Befehlsgewalt und Beilen[20] in die Provinz geschickt, um alle Statuen und Gemälde, alles Silber, Gold, Elfenbein, alle Edelsteine aufzukaufen und niemandem etwas zurückzulassen! Denn diese Rechtfertigung, scheint mir, steht für alles offen: er habe gekauft. Erstens – angenommen, ich würde deine Behauptung hinnehmen, du habest gekauft (da du ja bei dieser ganzen Angelegenheit diese eine Rechtfertigung vorbringen willst) – frage ich: wie schätzt du denn die Gerichte in Rom ein, wenn du glaubst, es werde dir jemand zugestehen, daß du als Prätor und oberster Beamter so viele so kostbare Gegenstände, mit einem Wort,

rio tot res tam pretiosas, omnis denique res quae alicuius preti fuerint, tota ex provincia coemisse?

5 (9) Videte maiorum diligentiam, qui nihildum etiam istius modi suspicabantur, verum tamen ea quae parvis in rebus accidere poterant providebant. Neminem qui cum potestate aut legatione in provinciam esset profectus tam amentem fore putaverunt ut emeret argentum, dabatur enim de publico; ut vestem, praebebatur enim legibus; mancipium putarunt, quo et omnes utimur et non praebetur a populo: sanxerunt ne quis emeret nisi in demortui locum. Si qui Romae esset demortuus? immo, si quis ibidem; non enim te instruere domum tuam voluerunt in provincia, sed illum usum provinciae supplere. (10) Quae fuit causa cur tam diligenter nos in provinciis ab emptionibus removerent? Haec, iudices, quod putabant ereptionem esse, non emptionem, cum venditori suo arbitratu vendere non liceret. In provinciis intellegebant, si is qui esset cum imperio ac potestate quod apud quemque esset emere vellet, idque ei liceret, fore uti quod quisque vellet, sive esset venale sive non esset, quanti vellet auferret.

Dicet aliquis: 'Noli isto modo agere cum Verre, noli eius facta ad antiquae religionis rationem exquirere; concede ut impune emerit, modo ut bona ratione emerit, nihil pro potestate, nihil ab invito, nihil per iniuriam.' Sic agam: si, quod venale habuit Heius, id quanti aestimabat tanti vendidit, desino quaerere cur emeris.

6 (11) Quid igitur nobis faciendum est? num argumentis utendum in re eius modi? Quaerendum, credo, est Heius iste

alle Dinge, die von einigem Wert waren, aus der ganzen Provinz aufgekauft hast?

5 (9) Seht die umsichtige Überlegung unserer Vorfahren, die noch nichts von dieser Art ahnten, aber dennoch für das, was bei geringfügigen Dingen geschehen konnte, Vorkehrungen trafen. Niemand, der mit höchster Amtsgewalt oder als Legat[21] sich in die Provinz begebe, werde so unvernünftig sein, meinten sie, Silber zu kaufen (denn das erhielt er aus öffentlichen Mitteln) oder Decken und Teppiche (denn die bekam er von Gesetzes wegen), wohl aber Sklaven, meinten sie; denn die brauchen wir alle und erhalten sie nicht vom Staat. Sie ordneten daher an, daß niemand einen Sklaven kaufen dürfe, es sei denn an Stelle eines verstorbenen. Wenn einer in Rom gestorben sei? Nein nur, wenn an Ort und Stelle. Denn sie wollten nicht, daß du in der Provinz dein Haus ausstattest, sondern nur den Bedarf für die Provinz ergänzt. (10) Was war der Grund, daß sie uns so gründlich Einkäufe in den Provinzen verwehrten? Der, ihr Richter, daß sie glaubten, es sei Raub, nicht Kauf, wenn der Verkäufer nicht nach eigenem Ermessen verkaufen dürfe. Ihnen war klar: wenn in den Provinzen der Inhaber der höchsten Befehls- und Amtsgewalt kaufen wollte und dürfte, was sich bei einem jeden fände, dann würde er, was er wollte, es sei käuflich oder nicht, zu dem Preis, den er wollte, an sich bringen.

Jemand wird sagen: »Gehe nicht so mit Verres um, prüfe seine Taten nicht nach dem Maß alter Gewissenhaftigkeit; billige ihm zu, daß er mit seinem Kauf keine strafbare Handlung begangen hat, wenn er nur in guter Absicht gekauft hat, nicht vermöge seiner Amtsgewalt, nicht gegen jemandes Willen, nicht auf unrechte Weise.« So will ich denn auch vorgehen: wenn Heius etwas zum Verkauf anbot, wenn er es zu dem Preis verkaufte, den er veranschlagte, dann höre ich auf zu fragen, warum du gekauft hast.

6 (11) Was sollen wir also tun? Sollen wir in einem solchen Falle Beweise beibringen? Wir müssen, glaube ich, fragen, ob unser Heius Schulden gehabt, ob er eine Versteigerung ver-

num aes alienum habuerit, num auctionem fecerit; si fecit, num tanta difficultas eum rei nummariae tenuerit, tanta egestas, tanta vis presserit ut sacrarium suum spoliaret, ut deos patrios venderet. At hominem video auctionem fecisse nullam, vendidisse praeter fructus suos nihil umquam, non modo in aere alieno nullo, sed in suis nummis multis esse et semper fuisse; si haec contra ac dico essent omnia, tamen illum haec, quae tot annos in familia sacrarioque maiorum fuissent, venditurum non fuisse. 'Quid, si magnitudine pecuniae persuasum est ei?' Veri simile non est ut ille homo tam locuples, tam honestus, religioni suae monumentisque maiorum pecuniam anteponeret. (12) 'Sunt ista; verum tamen abducuntur homines non numquam etiam ab institutis suis magnitudine pecuniae'. Videamus quanta ista pecunia fuerit quae potuerit Heium, hominem maxime locupletem, minime avarum, ab humanitate, a pietate, ab religione deducere. Ita iussisti, opinor, ipsum in tabulas referre: 'Haec omnia signa Praxiteli, Myronis, Polycliti HS sex milibus quingentis Verri vendita.' Sic rettulit. Recita. Ex tabulis. Iuvat me haec praeclara nomina artificum, quae isti ad caelum ferunt, Verris aestimatione sic concidisse. Cupidinem Praxiteli HS MDC! Profecto hinc natum est, 'Malo emere quam rogare.'

7 (13) Dicet aliquis: 'Quid? tu ista permagno aestimas?' Ego vero ad meam rationem usumque meum non aestimo; verum tamen a vobis ita arbitror spectari oportere, quanti haec eorum iudicio qui studiosi sunt harum rerum aestimentur,

anstaltet hat, und wenn er sie veranstaltet hat, ob er sich in solchen Geldschwierigkeiten befand, ob solche Armut, solche Not ihn drückte, daß er seine Kapelle plünderte, daß er die Götter seiner Väter verkaufte. Doch der Mann hat, wie ich sehe, keine Versteigerung veranstaltet, hat außer seinen Ernteerträgen niemals etwas verkauft, hat nicht nur keine Schulden, sondern besitzt viel Bargeld und hat es immer besessen. Auch wenn dies alles sich umgekehrt verhielte, wie ich sage, so hätte er doch diese Dinge, die sich so viele Jahre im Besitz der Familie und in der Kapelle der Vorfahren befanden, nicht verkauft. »Wie, wenn er sich durch die Höhe des Preises hätte verführen lassen?« Es ist nicht wahrscheinlich, daß ein so reicher, ein so ehrenwerter Mann Geld höher gestellt hätte als seine Ehrfurcht vor den Göttern und die Denkmäler der Vorfahren. (12) »Das mag sein; trotzdem lassen sich die Menschen bisweilen durch einen hohen Geldbetrag auch von ihren Grundsätzen abbringen.« Wir wollen sehen, wie hoch der Betrag gewesen ist, der den Heius, einen sehr reichen, keineswegs habgierigen Mann, von seinem Sinn für Anstand, von seiner Ehrfurcht vor seinen Vorfahren und von seiner Scheu vor den Göttern hat abbringen können. Du hast, glaube ich, ihm selbst befohlen, folgendes in seine Bücher einzutragen: »Alle diese Statuen des Praxiteles, des Myron und Polyklet sind für 6500 Sesterzen an Verres verkauft worden.« So hat er es eingetragen. Lies vor aus den Büchern. Es erheitert mich, daß diese berühmten Künstlernamen, die diese Leute[22] in den Himmel heben, nach der Schätzung des Verres so in ihrem Wert gefallen sind. Den Cupido des Praxiteles für 1600 Sesterzen! Wahrhaftig, so ist das Sprichwort entstanden: »Ich will lieber kaufen als bitten.«[23]

7 (13) Vielleicht wird jemand sagen: »Wie? Und du, schätzt du diese Dinge sehr hoch ein?« Nein, ich schätze sie nach meinen Grundsätzen und meinem Bedürfnis nicht hoch ein. Gleichwohl müßt ihr, meine ich, berücksichtigen, wie hoch diese Dinge nach dem Urteil derer, die Liebhaber solcher Dinge sind, eingeschätzt, wie teuer sie gewöhnlich verkauft

quanti venire soleant, quanti haec ipsa, si palam libereque venirent, venire possent, denique ipse Verres quanti aestimet. Numquam enim, si denariis CCCC Cupidinem illum putasset, commisisset ut propter eum in sermonem hominum atque in tantam vituperationem veniret. (14) Quis vestrum igitur nescit quanti haec aestimentur? In auctione signum aeneum non maximum HS $\overline{\text{XL}}$ venire non vidimus? Quid? si velim nominare homines qui aut non minoris aut etiam pluris emerint, nonne possum? Etenim qui modus est in his rebus cupiditatis, idem est aestimationis; difficile est finem facere pretio nisi libidini feceris. Video igitur Heium neque voluntate neque difficultate aliqua temporis nec magnitudine pecuniae adductum esse ut haec signa venderet, teque ista simulatione emptionis vi, metu, imperio, fascibus ab homine eo quem, una cum ceteris sociis, non solum potestati tuae sed etiam fidei populus Romanus commiserat eripuisse atque abstulisse.

(15) Quid mihi tam optandum, iudices, potest esse in hoc crimine quam ut haec eadem dicat ipse Heius? Nihil profecto; sed ne difficilia optemus. Heius est Mamertinus; Mamertina civitas istum publice communi consilio sola laudat; omnibus iste ceteris Siculis odio est, ab his solis amatur; eius autem legationis quae ad istum laudandum missa est princeps est Heius – etenim est primus civitatis: ne forte, dum publicis mandatis serviat, de privatis iniuriis reticeat. (16) Haec cum scirem et cogitarem, commisi tamen, iudices, Heio; produxi prima actione, neque id tamen ullo periculo

werden, wie teuer gerade diese Werke verkauft werden könnten, wenn sie öffentlich und frei zum Verkauf kämen, endlich, wie hoch Verres selbst sie einschätzt! Niemals nämlich hätte er sich, wenn er geglaubt hätte, der Cupido sei nur 400 Denare[24] wert, der Gefahr ausgesetzt, deswegen ins Gerede der Leute zu kommen und sich einen solchen Tadel zuzuziehen. (14) Wer von euch weiß denn nicht, wie hoch diese Dinge im Wert sind? Haben wir nicht erlebt, daß eine nicht allzu große Statue aus Erz bei einer Versteigerung für 40000 Sesterzen weggegangen ist? Wie? Könnte ich nicht, wenn ich wollte, Leute nennen, die für einen nicht geringeren oder sogar für einen höheren Preis gekauft haben? Denn so groß, wie bei diesen Dingen die Nachfrage ist, so groß ist die Einschätzung des Wertes. Es ist schwierig, dem Preis eine Grenze zu setzen, wenn man sie nicht dem Begehren setzt. Es ist also klar für mich, daß ein Heius sich weder freiwillig noch durch irgendwelche schwierigen Umstände noch durch die Höhe des Preises hat dazu bringen lassen, diese Statuen zu verkaufen, und daß du sie unter dem Schein eines Kaufes durch Druck, Einschüchterung, Geheiß und Befehlsgewalt einem Manne entrissen und weggenommen hast, den zusammen mit den übrigen Bundesgenossen das römische Volk nicht allein deiner Amtsgewalt, sondern auch deinem Pflichtbewußtsein anvertraut hatte.

(15) Was könnte ich mir, ihr Richter, bei dieser Anschuldigung so sehr wünschen, wie daß Heius selbst dasselbe sagte? Nichts, in der Tat. Doch wir wollen uns nichts Schwieriges wünschen. Heius ist Mamertiner. Die Gemeinde der Mamertiner ist die einzige, die Verres öffentlich auf gemeinsamen Beschluß lobt.[25] Bei allen übrigen Siziliern ist er verhaßt; sie allein lieben ihn. Von der Gesandtschaft aber, die man geschickt hat, um ihn zu loben, ist Heius der Leiter; denn er ist der erste Mann seiner Gemeinde. Ich fürchte, vielleicht schweigt er, um nur seine amtlichen Aufträge zu erfüllen, von dem ihm persönlich zugefügten Unrecht. (16) Obwohl ich das wußte und mir dachte, habe ich es dennoch auf Heius ankommen lassen, ihr Richter; ich habe ihn in der ersten Ver-

feci. Quid enim poterat Heius respondere, si esset improbus, si sui dissimilis? esse illa signa domi suae, non esse apud Verrem? Qui poterat quicquam eius modi dicere? Ut homo turpissimus esset impudentissimeque mentiretur, hoc diceret, illa se habuisse venalia, eaque sese quanti voluerit vendidisse. Homo domi suae nobilissimus, qui vos de religione sua ac dignitate vere existimare maxime vellet, primo dixit se istum publice laudare, quod sibi ita mandatum esset; deinde neque se habuisse illa venalia neque ulla condicione, si utrum vellet liceret, adduci umquam potuisse ut venderet illa quae in sacrario fuissent a maioribus suis relicta et tradita.

8 (17) Quid sedes, Verres? quid exspectas? quid te a Centuripina civitate, a Catinensi, ab Halaesina, a Tyndaritana, Hennensi, Agyrinensi ceterisque Siciliae civitatibus circumveniri atque opprimi dicis? Tua te altera patria, quem ad modum dicere solebas, Messana circumvenit, – tua, inquam, Messana, tuorum adiutrix scelerum, libidinum testis, praedarum ac furtorum receptrix. Adest enim vir amplissimus eius civitatis legatus huius iudici causa domo missus, princeps laudationis tuae, qui te publice laudat, – ita enim mandatum atque imperatum est; tametsi rogatus de cybaea tenetis memoria quid responderit: aedificatam publicis operis publice coactis, eique aedificandae publice Mamertinum senatorem praefuisse. Idem ad vos privatim, iudices, confugit; utitur hac lege

handlung vorgeführt, und habe es gleichwohl ohne jedes Wagnis getan. Denn was konnte Heius antworten, wenn er unredlich, wenn er seiner selbst unähnlich gewesen wäre? Die Statuen seien bei ihm zu Hause, sie seien nicht bei Verres? Wie konnte er etwas Derartiges behaupten? Angenommen, er wäre der schändlichste Mensch und unverschämteste Lügner gewesen, so hätte er gesagt, er habe die Statuen zum Verkauf angeboten und sie zu dem von ihm gewünschten Preis verkauft. Dieser Mann, der in seiner Heimat sehr angesehen ist, dem es besonders am Herzen lag, daß ihr über seine Gewissenhaftigkeit und seine ehrenhafte Gesinnung die richtige Vorstellung erhaltet, er sagte zuerst, er lobe den Verres von Amts wegen, weil es ihm so aufgetragen worden sei, und dann, er habe die Kunstgegenstände nicht zum Verkauf angeboten, noch hätte er sich unter irgendeiner Bedingung, selbst wenn ihm eine Wahl erlaubt gewesen wäre, je dahin bringen lassen, die Dinge zu verkaufen, die, von den Vorfahren hinterlassen und ererbt, in der Kapelle gestanden hätten.

8 (17) Was sitzt du noch da, Verres? Worauf wartest du noch? Warum sagst du, die Gemeinden Centuripae, Catina, Halaesa, Tyndaris, Henna, Agyrion[26] fielen hinterlistig über dich her und wollten dich zu Boden drücken? Deine zweite Heimat, wie du zu sagen pflegtest, Messana fällt über dich her, dein Messana, sage ich, die Gehilfin deiner Verbrechen, die Zeugin deiner Ausschweifungen, der Aufbewahrungsort deiner erbeuteten und gestohlenen Sachen. Zugegen ist nämlich hier der angesehenste Mann dieser Gemeinde, wegen dieses Prozesses von Hause als Gesandter abgeordnet, der Wortführer des dir bestimmten Lobes, der dich von Amts wegen lobt. Denn so hat man es ihm aufgetragen und befohlen. Indes ihr erinnert euch wohl, was er geantwortet hat, als man ihn wegen des Lastschiffes fragte: es sei von öffentlichen Arbeitskräften, die von der Gemeinde gestellt waren, gebaut worden, und den Bau habe für die Gemeinde ein mamertinischer Senator geleitet. Derselbe Mann nimmt in seiner persönlichen Angelegenheit zu euch seine Zuflucht, ihr Richter;

qua iudicium est, communi arce sociorum. Tametsi lex est de pecuniis repetundis, ille se negat pecuniam repetere, quam ereptam non tanto opere desiderat: sacra se maiorum suorum repetere abs te dicit, deos penatis te patrios reposcit. (18) Ecqui pudor est, ecquae religio, Verres, ecqui metus? Habitasti apud Heium Messanae, res illum divinas apud eos deos in suo sacrario prope cotidiano facere vidisti; non movetur pecunia, denique quae ornamenti causa fuerunt non requirit; tibi habe Canephoros, deorum simulacra restitue. Quae quia dixit, quia tempore dato modeste apud vos socius amicusque populi Romani questus est, quia religioni suae non modo in dis patriis repetendis sed etiam in ipso testimonio ac iure iurando proximus fuit, hominem missum ab isto scitote esse Messanam de legatis unum, – illum ipsum qui navi istius aedificandae publice praefuit, – qui a senatu peteret ut Heius adficeretur ignominia.

9 (19) Homo amentissime, quid putasti? impetraturum te? quanti is a civibus suis fieret, quanti auctoritas eius haberetur ignorabas? Verum fac te impetravisse, fac aliquid gravius in Heium statuisse Mamertinos: quantam putas auctoritatem laudationis eorum futuram, si in eum quem constet verum pro testimonio dixisse poenam constituerint? Tametsi quae est ista laudatio, cum laudator interrogatus laedat necesse est? Quid? isti laudatores tui nonne testes mei sunt? Heius est laudator: laesit gravissime. Producam ceteros: reticebunt

er nimmt für sich das Gesetz in Anspruch, auf Grund dessen der Prozeß hier stattfindet, den gemeinsamen Schutzschirm der Bundesgenossen. Zwar bezieht sich das Gesetz auf die Erstattung erpreßter Gelder; doch er erklärt, er wolle keine Entschädigung in Geld, dessen Verlust ihn nicht so sehr drückt: die geweihten Bildwerke seiner Vorfahren, sagt er, wolle er von dir zurückhaben, die väterlichen Hausgötter fordert er von dir zurück. (18) Empfindest du noch ein wenig Scham, ein wenig Scheu vor den Göttern, ein wenig Furcht, Verres? Du hast bei Heius in Messana gewohnt, hast ihn in seiner Kapelle vor diesen Göttern fast täglich seinen Opferdienst verrichten sehen; nicht das Geld interessiert ihn, ja, nicht einmal das, was nur zum Schmuck da war, verlangt er zurück; behalte die Kanephoren, gib die Götterbilder zurück. Weil er dies gesagt, weil er sich als Bundesgenosse und Freund des römischen Volkes zur gegebenen Zeit maßvoll vor euch beklagt, weil er nicht nur bei der Forderung nach Rückgabe der ererbten Götter, sondern auch bei seiner Zeugenaussage und seinem Eide sich ganz genau an das gehalten hat, was sein Gewissen ihm gebot, hat Verres, müßt ihr wissen, einen von den Gesandten nach Messana geschickt, eben jenen Mann, der im Auftrag der Gemeinde den Bau seines Schiffes geleitet hat; er sollte beim Gemeinderat den Antrag stellen, dem Heius eine Rüge zu erteilen.[27]

9 (19) Du Wahnsinniger, was hast du dir dabei gedacht? Du würdest dein Ziel erreichen? Wußtest du nicht, wie hoch er von seinen Mitbürgern geschätzt wird, wieviel sein Ansehen gilt? Aber nimm an, du hättest dein Ziel erreicht, nimm an, die Mamertiner hätten eine ziemlich schwere Strafe über Heius verhängt: welches Gewicht, glaubst du, wird dann ihr Lob haben, wenn sie gegen den eine Strafe beschließen, der nach allgemeiner Auffassung im Zeugenstand die Wahrheit gesagt hat? Indes, was ist das für ein Lob, wenn der, der die Lobrede hält, sobald man ihn befragt, dir schaden muß. Wie? Sind diese deine Lobredner nicht meine Zeugen? Heius ist ein Lobredner: er hat dir sehr schwer geschadet. Ich werde die übrigen vorführen; sie werden gern verschweigen, was sie

quae poterunt libenter, dicent quae necesse erit ingratiis. Negent isti onerariam navem maximam aedificatam esse Messanae? Negent, si possunt. Negent ei navi faciundae senatorem Mamertinum publice praefuisse? Utinam negent! Sunt etiam cetera, quae malo integra reservare, ut quam minimum dem illis temporis ad meditandum confirmandumque periurium. (20) Haec tibi laudatio procedat in numerum? hi te homines auctoritate sua sublevent? qui te neque debent adiuvare si possint, neque possunt si velint; quibus tu privatim iniurias plurimas contumeliasque imposuisti, quo in oppido multas familias totas in perpetuum infamis tuis stupris flagitiisque fecisti. At publice commodasti. Non sine magno quidem rei publicae provinciaeque Siciliae detrimento. Tritici modium $\overline{\text{LX}}$ empta populo Romano dare debebant et solebant: abs te solo remissum est. Res publica detrimentum fecit quod per te imperi ius in una civitate imminutum est: Siculi, quod ipsum non de summa frumenti detractum est, sed translatum in Centuripinos et Halaesinos, immunis populos, et hoc plus impositum quam ferre possent.

(21) Navem imperare ex foedere debuisti; remisisti in triennium; militem nullum umquam poposcisti per tot annos. Fecisti item ut praedones solent; qui cum hostes communes sint omnium, tamen aliquos sibi instituunt amicos, quibus non modo parcant verum etiam praeda quos augeant, et eos maxime qui habent oppidum oportuno loco, quo saepe adeundum sit navibus, non numquam etiam necessario.

10 Phaselis illa, quam cepit P. Servilius, non fuerat urbs antea

können, sie werden ungern aussagen, was sie müssen. Können sie leugnen, daß für Verres ein riesiges Lastschiff in Messana gebaut worden ist? Sie sollen es nur leugnen, wenn sie dazu imstande sind! Können sie leugnen, daß den Bau dieses Schiffes ein mamertinischer Senator im Auftrag der Gemeinde geleitet hat? Möchten sie es nur leugnen! Es gibt noch anderes, was ich lieber nicht aufrühren will, um ihnen möglichst wenig Zeit zum Ausklügeln und Absichern eines Meineides zu lassen. (20) Dies Lob soll für dich nach Wunsch ausfallen? Diese Leute sollen dich mit ihrem Ansehen unterstützen? Sie dürfen dir nicht helfen, wenn sie es könnten, noch können sie es, wenn sie wollten; du hast ihnen persönlich sehr viele Kränkungen und Beleidigungen zugefügt, hast in dieser Stadt ganze Familien in großer Zahl durch deine Ausschweifungen und Schandtaten für immer ehrlos gemacht. Aber der Gemeinde hast du dich gefällig erwiesen. Freilich nicht ohne großen Schaden für unseren Staat und die Provinz Sizilien. Die Mamertiner waren verpflichtet, dem römischen Volk 60 000 Maß Weizen zum Kauf zu überlassen, und sie pflegten es zu tun; du allein hast sie davon befreit.[28] Der Staat erlitt Schaden, weil du das Hoheitsrecht in dieser einen Gemeinde gemindert hast; die Sizilier, weil eben die Menge nicht von dem Gesamtbetrag des Getreides abgezogen, sondern den Centuripinern und Halasinern, abgabenfreien Gemeinden, aufgebürdet wurde – und denen hast du damit mehr auferlegt, als sie tragen konnten.
(21) Gemäß dem Bündnisvertrag warst du verpflichtet, von den Mamertinern ein Schiff zu verlangen; du hast es ihnen für drei Jahre erlassen. Niemals hast du auch in so vielen Jahren einen Soldaten angefordert. Du hast genauso gehandelt, wie Räuber zu handeln pflegen: diese sind zwar die gemeinsamen Feinde aller, doch machen sie sich einige zu Freunden, die sie nicht nur schonen, sondern die sie auch mit Beute überhäufen, und zwar besonders die, die eine Stadt haben, die an einer günstigen Stelle liegt, die sie oft, bisweilen auch notgedrungen, mit ihren Schiffen aufsuchen müssen.
10 Das bekannte Phaselis, das P. Servilius eingenommen hat,

Cilicum atque praedonum; Lycii illam, Graeci homines, incolebant. Sed quod erat eius modi loco atque ita proiecta in altum ut et exeuntes e Cicilia praedones saepe ad eam necessario devenirent, et, cum se ex hisce locis reciperent, eodem deferrentur, adsciverunt sibi illud oppidum piratae primo commercio, deinde etiam societate. (22) Mamertina civitas improba antea non erat; etiam erat inimica improborum, quae C. Catonis, illius qui consul fuit, impedimenta retinuit. At cuius hominis! Clarissimi ac potentissimi; qui tamen cum consul fuisset, condemnatus est. Ita, C. Cato, duorum hominum clarissimorum nepos, L. Pauli et M. Catonis, et P. Africani sororis filius: quo damnato tum, cum severa iudicia fiebant, HS $\overline{\text{VIII}}$ lis aestimata est. Huic Mamertini irati fuerunt, qui maiorem sumptum quam quanti Catonis lis aestimata est in Timarchidi prandium saepe fecerunt. (23) Verum haec civitas isti praedoni ac piratae Siciliensi Phaselis fuit; huc omnia undique deferebantur, apud istos relinquebantur; quod celari opus erat, habebant sepositum et reconditum; per istos quae volebat clam imponenda, occulte exportanda curabat; navem denique maximam, quam onustam furtis in Italiam mitteret, apud istos faciundam aedificandamque curavit; pro hisce rebus vacatio data est ab isto sumptus, laboris, militiae, rerum denique omnium; per triennium soli non modo in Sicilia verum, ut opinio mea fert, his quidem temporibus in omni orbe terrarum vacui, expertes, soluti ac liberi fuerunt ab omni sumptu, molestia, munere. (24) Hinc illa Verria nata sunt, quod in convivium Sex. Cominium pro-

war früher keine Stadt der Kilikier und Seeräuber.[29] Lykier, Menschen von griechischer Herkunft, wohnten dort. Doch der Ort lag an einer solchen Stelle und erstreckte sich so weit ins Meer hinaus, daß die Räuber bei ihrer Ausfahrt aus Kilikien ihn oft notgedrungen anliefen und, wenn sie sich aus unseren Gegenden zurückzogen, sich eben dort hin absetzten; daher bauten die Räuber eine enge Verbindung zu dieser Stadt auf, zuerst durch Handel, dann auch durch Teilhaberschaft. (22) Die Gemeinde Messana war früher nicht schlecht; ja sie war sogar den Schlechten feindlich gesonnen, hielt sie doch das Gepäck des bekannten ehemaligen Konsuls C. Cato zurück. Aber das Gepäck von was für einem Menschen! Von einem sehr angesehenen und sehr mächtigen. Obwohl er Konsul gewesen war, wurde er dennoch verurteilt. Ja: C. Cato, der Enkel zweier hochberühmter Männer, des C. Paulus und M. Cato, und der Schwestersohn des P. Africanus.[30] Damals, bei seiner Verurteilung, als es noch strenge Gerichtsurteile gab, hat man die Entschädigungssumme auf 8000 Sesterzen festgesetzt. Über ihn waren die Mamertiner erzürnt, sie, die oft einen größeren Aufwand für ein Frühstück des Timarchides[31] trieben, als die Entschädigungssumme des Cato betrug. (23) Doch diese Gemeinde war für unseren sizilischen Räuber und Piraten ein zweites Phaselis. Dorthin wurde alles von überallher gebracht, bei ihnen aufbewahrt; was man verbergen mußte, schafften sie beiseite und hielten es versteckt; durch sie ließ Verres, was er wollte, heimlich an Bord bringen und unbemerkt fortschaffen; schließlich ließ er ein riesiges Schiff, das er beladen mit seinen gestohlenen Dingen nach Italien schicken wollte, bei ihnen bauen und herrichten. Dafür gewährte er ihnen Befreiung von staatlichen Aufwendungen, von Arbeits- und Kriegsdienst, mit einem Wort von allem;[32] drei Jahre lang waren sie die einzigen nicht nur in Sizilien, sondern, wie ich annehme, auf der ganzen Welt (jedenfalls in dieser Zeit), die los und ledig, ausgenommen und frei von jeglichen Aufwendungen, von jeder Last und Abgabe waren. (24) Daraus ergab sich das berüchtigte Verres-Fest.[33] Während dieses

trahi iussit, in quem scyphum de manu iacere conatus est, quem obtorta gula de convivio in vincla atque in tenebras abripi iussit; hinc illa crux in quam iste civem Romanum multis inspectantibus sustulit, quam non ausus est usquam defigere nisi apud eos quibuscum omnia scelera sua ac latrocinia communicavit.

11 Laudatum etiam vos quemquam venitis? qua auctoritate? utrum quam apud senatum an quam apud populum Romanum habere debetis? (25) Ecqua civitas est, non modo in provinciis nostris verum in ultimis nationibus, aut tam potens aut tam libera aut etiam tam immanis ac barbara, rex denique ecquis est qui senatorem populi Romani tecto ac domo non invitet? qui honos non homini solum habetur, sed primum populo Romano, cuius beneficio nos in hunc ordinem venimus, deinde ordinis auctoritati, quae nisi gravis erit apud socios et exteras nationes, ubi erit imperi nomen et dignitas? Mamertini me publice non invitarunt. Me cum dico, leve est: senatorem populi Romani si non invitarunt, honorem debitum detraxerunt non homini sed ordini. Nam ipsi Tullio patebat domus locupletissima et amplissima Cn. Pompei Basilisci, quo, etiamsi esset invitatus a vobis, tamen devertisset; erat etiam Percenniorum, qui nunc item Pompeii sunt, domus honestissima, quo Lucius frater meus summa illorum voluntate devertit. Senator populi Romani, quod in vobis fuit, in vestro oppido iacuit et pernoctavit in publico. Nulla hoc civitas umquam alia commisit. ‘Amicum enim nostrum in iudicium vocabas.’ Tu quid ego privatim negoti geram

Festgelages ließ er den Sex. Cominius vor sich schleppen, auf den er mit der Hand einen Becher zu schleudern versuchte, den er an der Gurgel würgen und vom Gelage fort in den dunklen Kerker wegschleppen ließ. So kam es zu jenem Kreuz, an das er vor den Augen vieler Zuschauer einen römischen Bürger[34] nageln ließ. Das hat er nirgendswo aufzurichten gewagt als bei denen, mit denen er bei allen seinen Verbrechen und Räubereien gemeinsame Sache machte.

11 Ihr kommt nun gar, um jemanden zu loben? Mit welchem Anspruch? Mit dem, den ihr beim Senat oder beim römischen Volk haben müßtet? (25) Gibt es irgendeine Gemeinde, nicht nur in unseren Provinzen, sondern bei den entferntesten Völkern, so mächtig oder so frei oder gar so unmenschlich und barbarisch, ja gibt es irgendeinen König, der nicht einen Senator des römischen Volkes in sein Haus und seinen Wohnsitz einlüde? Diese Ehre erweist man nicht nur der Person, sondern in erster Linie dem römischen Volk, durch dessen Gefälligkeit wir in diesen Stand gekommen sind, und dann dem Ansehen des Standes; denn wenn dies bei den Bundesgenossen und auswärtigen Völkern[35] nicht von Gewicht wäre, wo bliebe dann der Name und die Würde unserer Herrschaft? Die Mamertiner haben mich offiziell nicht eingeladen. Wenn ich sage »mich«, so wiegt das nicht viel; doch wenn sie einen Senator des römischen Volkes nicht eingeladen haben, so haben sie nicht einer Person, sondern dem Stande die geschuldete Ehre entzogen. Denn dem Tullius selbst stand das außerordentlich reiche, angesehene Haus des Cn. Pompeius Basiliscus offen. Dort wäre er, auch wenn er von euch eingeladen worden wäre, trotzdem abgestiegen. Auch gab es das höchst achtbare Haus der Percennier, die jetzt ebenfalls Pompeier[36] sind; dort ist auf ihren dringenden Wunsch mein Vetter Lucius[37] abgestiegen. Soviel an euch lag, hätte ein Senator des römischen Volkes in eurer Stadt auf der Straße liegen und übernachten müssen. Keine andere Gemeinde hat das je fertiggebracht. »Du wolltest ja unseren Freund vor Gericht laden.« Welche Aufgabe ich als Privatperson wahrnehme, willst du als Erklärung dafür benutzen,

interpretabere imminuendo honore senatorio? (26) Verum haec tum queremur si quid de vobis per eum ordinem agetur, qui ordo a vobis adhuc solis contemptus est. In populi Romani quidem conspectum quo ore vos commisistis? nec prius illam crucem, quae etiam nunc civis Romani sanguine redundat, quae fixa est ad portum urbemque vestram, revellistis neque in profundum abiecistis locumque illum omnem expiastis, quam Romam atque in horum conventum adiretis? In Mamertinorum solo foederato atque pacato monumentum istius crudelitatis constitutum est. Vestrane urbs electa est ad quam cum adirent ex Italia crucem civis Romani prius quam quemquam amicum populi Romani viderent? quam vos Reginis, quorum civitati invidetis, itemque incolis vestris, civibus Romanis, ostendere soletis, quo minus sibi adrogent minusque vos despiciant, cum videant ius civitatis illo supplicio esse mactatum.

12 (27) Verum haec emisse te dicis. Quid? illa Attalica tota Sicilia nominata ab eodem Heio peripetasmata emere oblitus es? Licuit eodem modo ut signa. Quid enim actum est? an litteris pepercisti? Verum hominem amentem hoc fugit: minus clarum putavit fore quod de armario quam quod de sacrario esset ablatum. At quo modo abstulit? Non possum dicere planius quam ipse apud vos dixit Heius. Cum quaesissem num quid aliud de bonis eius pervenisset ad Verrem, respondit istum ad se misisse ut sibi mitteret Agrigentum peripetasmata. Quaesivi misisset*ne*; respondit, id quod necesse erat, se dicto audientem fuisse praetori, misisse. Rogavi perve-

daß die Ehre der Senatoren gemindert wird? (26) Doch hierüber werden wir uns dann beschweren, wenn etwas über euch durch diesen Stand zur Sprache kommt, den bisher ihr allein verächtlich behandelt habt. Freilich, mit welcher Stirn habt ihr euch erdreistet, dem römischen Volk unter die Augen zu treten? Ohne daß ihr zuvor jenes Kreuz, das noch jetzt vom Blut eines römischen Bürgers trieft, das bei eurem Hafen und bei eurer Stadt errichtet ist, abgerissen und in die Tiefe geworfen und den ganzen Platz durch Sühneopfer gereinigt habt, bevor ihr nach Rom und zu den hier versammelten Leuten gekommen seid? Auf dem verbündeten, befriedeten Boden der Mamertiner ist ein Denkmal der Grausamkeit des Verres aufgerichtet. Ist eure Stadt dazu auserwählt, daß, wer aus Italien sie besucht, eher das Kreuz eines römischen Bürgers als einen Freund des römischen Volkes erblickt? Ihr pflegt es ja den Reginern, auf deren Bürgerrecht ihr neidisch seid,[38] und ebenso euren Mitbewohnern, den römischen Bürgern, zu zeigen, damit sie sich weniger anmaßen und weniger auf euch herabblicken, wenn sie sehen, wie das Bürgerrecht mit dieser Hinrichtung abgeschlachtet worden ist.

12 (27) Aber du behauptest, du habest diese Dinge gekauft. Wie? Die attalischen Sofadecken,[39] die in ganz Sizilien gerühmt wurden, hast du die von demselben Heius zu kaufen vergessen? Du hättest es doch damit genauso halten können wie mit den Statuen. Was ist denn da nun geschehen? Hast du Papier gespart? Doch das kam dem wahnsinnigen Menschen nicht in den Sinn; er glaubte, es würde weniger bekannt werden, was er aus dem Schrank, als was er aus der Kapelle wegnähme. Aber wie hat er es weggenommen? Ich kann es nicht deutlicher sagen, als es Heius selbst vor euch gesagt hat. Als ich ihn fragte, ob sonst noch etwas anderes von seinen Schätzen an Verres gelangt sei, antwortete er, Verres habe ihm eine Botschaft zukommen lassen, er solle ihm die Sofadecken nach Agrigent schicken. Ich fragte ihn, ob er sie hingeschickt habe; er antwortete, was ja unvermeidlich war: er habe dem Prätor aufs Wort gehorcht und sie hin-

nissentne Agrigentum; dixit pervenisse. Quaesivi quem ad modum revertissent; negavit adhuc revertisse. Risus populi atque admiratio omnium vestrum facta est. (28) Hic tibi in mentem non venit iubere ut haec quoque referret HS VI milibus D se tibi vendidisse? Metuisti ne aes alienum tibi cresceret, si HS VI milibus D tibi constarent ea quae tu facile posses vendere HS ducentis milibus? Fuit tanti, mihi crede; haberes quod defenderes; nemo quaereret quanti illa res esset; si modo te posses dicere emisse, facile cui velles tuam causam et factum probares; nunc de peripetasmatis quem ad modum te expedias non habes.

(29) Quid? a Phylarcho Centuripino, homine locupleti ac nobili, phaleras pulcherrime factas, quae regis Hieronis fuisse dicuntur, utrum tandem abstulisti an emisti? In Sicilia quidem cum essem, sic a Centuripinis, sic a ceteris audiebam, – non enim parum res erat clara: tam te has phaleras a Phylarcho Centuripino abstulisse dicebant quam alias item nobilis ab Aristo Panhormitano, quam tertias a Cratippo Tyndaritano. Etenim si Phylarchus vendidisset, non ei, posteaquam reus factus es, redditurum te promisisses. Quod quia vidisti pluris scire, cogitasti, si ei reddidisses, te minus habiturum, rem nihilo minus testatam futuram: non reddidisti. Dixit Phylarchus pro testimonio se, quod nosset tuum istum morbum, ut amici tui appellant, cupisse te celare de phaleris; cum abs te appellatus esset, negasse habere sese; apud alium quo-

geschickt. Ich fragte, ob sie nach Agrigent gelangt seien; er sagte, ja, so sei es. Ich erkundigte mich, wie sie zurückgekommen seien. Er erklärte, bisher seien sie noch nicht zurückgekommen. Die Zuhörer lachten, und ihr alle habt euch gewundert. (28) Kam es dir da nicht in den Sinn, ihm zu befehlen, er solle auch dies eintragen, er habe sie dir für 6500 Sesterzen verkauft? Hast du Angst gehabt, deine Schulden könnten zu sehr anwachsen, wenn dich 6500 Sesterzen kostete, was du leicht für 200000 Sesterzen hättest verkaufen können? Es hätte gelohnt, glaube mir; du hättest etwas, was du zu deiner Verteidigung vorbringen könntest; niemand würde fragen, wieviel die Sache wert war; wenn du nur sagen könntest, du habest sie gekauft, so würdest du leicht jedermann deine Sache und dein Tun plausibel machen. Jetzt weißt du nicht, wie du dich aus den Decken herausschälen sollst.

(29) Wie war das? Hast du dem Phylarchos aus Centuripae, einem wohlhabenden, vornehmen Mann, den überaus schön gearbeiteten Pferdeschmuck,[40] der dem König Hieron[41] gehört haben soll, weggenommen oder abgekauft? Jedenfalls habe ich es, als ich in Sizilien war, so von den Centuripinern, so von den anderen gehört (denn die Sache war nur allzu gut bekannt): du habest dem Phylarchos aus Centuripae den Pferdeschmuck ebenso weggenommen, sagten sie, wie dem Aristos aus Panormos einen anderen, ebenso vortrefflichen, und wie dem Kratippos aus Tyndaris einen dritten. Denn wenn Phylarchos dir den seinen verkauft hätte, hättest du ihm nicht versprochen, ihn zurückzugeben, nachdem du angeklagt worden warst. Weil du aber einsahst, daß mehr Leute davon wußten, hast du dir gedacht: wenn du ihm den Schmuck zurückgäbest, würdest du weniger besitzen, und die Sache würde nichtsdestoweniger durch Zeugen bestätigt werden; so hast du ihn nicht zurückgegeben. Phylarchos sagte als Zeuge, er habe, weil er deine krankhafte Sucht kannte, wie deine Freunde es nennen, den Schmuck vor dir geheimhalten wollen; als du ihn darauf angesprochen hättest, habe er erklärt, er habe keinen; auch habe er den Schmuck

que eas habuisse depositas, ne qua invenirentur; tuam tantam fuisse sagacitatem ut eas per illum ipsum inspiceres, ubi erant depositae; tum se deprensum negare non potuisse; ita ab se invito phaleras sublatas gratiis.

13 (30) Iam, ut haec omnia reperire ac perscrutari solitus sit, iudices, est operae pretium cognoscere. Cibyratae sunt fratres quidam, Tlepolemus et Hiero, quorum alterum fingere opinor e cera solitum esse, alterum esse pictorem. Hosce opinor, Cibyrae cum in suspicionem venissent suis civibus fanum expilasse Apollinis, veritos poenam iudici ac legis domo profugisse. Quod Verrem artifici sui cupidum cognoverant tum, cum iste, id quod ex testibus didicistis, Cibyram cum inanibus syngraphis venerat, domo fugientes ad eum se exsules, cum iste esset in Asia, contulerunt. Habuit eos secum illo tempore et in legationis praedis atque furtis multum illorum opera consilioque usus est. (31) Hi sunt illi quibus in tabulis refert sese Q. Tadius 'dedisse iussu istius Graecis pictoribus'. Eos iam bene cognitos et re probatos secum in Siciliam duxit. Quo posteaquam venerunt, mirandum in modum (canis venaticos diceres) ita odorabantur omnia et pervestigabant ut, ubi quidque esset, aliqua ratione invenirent. Aliud minando, aliud pollicendo, aliud per servos, aliud per liberos, per amicum aliud, aliud per inimicum inveniebant; quicquid illis placuerat, perdendum erat. Nihil aliud optabant quorum poscebatur argentum nisi ut id Hieroni et Tlepolemo displiceret.

14 (32) Verum mehercule hoc, iudices, dicam. Memini Pamphilum Lilybitanum, amicum et hospitem meum, nobilem

einem anderen zur Aufbewahrung gegeben, damit er nicht etwa auffindbar sei; doch sei dein Spürsinn so groß gewesen, daß du ihn mit Hilfe des Mannes besichtigen konntest, bei dem er verwahrt war; da habe er, nachdem er überführt war, nicht mehr leugnen können; so sei ihm der Schmuck gegen seinen Willen ohne Bezahlung abgenommen worden.

13 (30) Jetzt ist es auch der Mühe wert, sich klarzumachen, ihr Richter, wie er dies alles herauszufinden und aufzuspüren pflegte. Da sind zwei Brüder aus Kibyra[42], Tlepolemos und Hieron; der eine von ihnen pflegte, glaube ich, sich als Wachsbildner zu betätigen,[43] der andere war Maler. Die sind, glaube ich, als sie in Kibyra bei ihren Mitbürgern in den Verdacht kamen, einen Tempel des Apollon ausgeplündert zu haben, aus Furcht vor dem Prozeß und der Strafe des Gesetzes aus ihrer Heimat geflüchtet. Sie hatten Verres als einen Liebhaber ihrer Kunst kennengelernt, als dieser, wie ihr von den Zeugen erfahren habt, mit leeren Wechseln nach Kibyra kam; auf der Flucht von Zuhause begaben sie sich daher als Verbannte zu ihm, während er noch in Asien war. Er hatte sie in jener Zeit bei sich und benutzte bei den Räubereien und Diebstählen seines Legatenamtes[44] oft ihre Hilfe und ihren Rat. (31) Das sind die, über die Q. Tadius[45] in seinen Büchern vermerkt, »er habe auf Befehl des Verres an griechische Maler Geld gezahlt«. Diese nahm Verres, da er sie schon gut kannte und in der Sache bewährt fand, mit sich nach Sizilien. Als sie dort angekommen waren, verstanden sie auf wunderbare Weise (man möchte sie Jagdhunde nennen) alles so zu beschnüffeln und aufzustöbern, daß sie immer auf irgendeine Weise herausfanden, wo es etwas gab. Teils entdeckten sie es durch Drohungen, teils durch Versprechungen, teils durch Sklaven, teils durch Freie, teils durch einen Freund, teils durch einen Feind; was auch immer ihnen gefiel, das mußte man verloren geben. Nichts anderes wünschte, wer um Tafelsilber gebeten wurde, als daß es dem Hieron und Tlepolemos nicht gefiel.

14 (32) Wahrhaftig, ihr Richter, ich will noch folgendes erzählen. Ich erinnere mich, daß mir Pamphilos aus Lily-

hominem, mihi narrare, cum iste ab sese hydriam Boethi manu factam praeclaro opere et grandi pondere per potestatem abstulisset, se sane tristem et conturbatum domum revertisse, quod vas eius modi, quod sibi a patre et a maioribus esset relictum, quo solitus esset uti ad festos dies, ad hospitum adventus, a se esset ablatum. 'Cum sederem,' inquit, 'domi tristis, accurrit Venerius; iubet me scyphos sigillatos ad praetorem statim adferre. Permotus sum,' inquit; 'binos habebam; iubeo promi utrosque, ne quid plus mali nasceretur, et mecum ad praetoris domum ferri. Eo cum venio, praetor quiescebat; fratres illi Cibyratae inambulabant. Qui me ubi viderunt, "Ubi sunt, Pamphile," inquiunt, "scyphi?" Ostendo tristis; laudant. Incipio queri me nihil habiturum quod alicuius esset preti si etiam scyphi essent ablati. Tum illi, ubi me conturbatum vident, "Quid vis nobis dare ut isti abs te ne auferantur?" Ne multa, HS mille me,' inquit, 'poposcerunt; dixi me daturum. Vocat interea praetor, poscit scyphos.' Tum illos coepisse praetori dicere putasse se, id quod audissent, alicuius preti scyphos esse Pamphili; luteum negotium esse, non dignum quod in suo argento Verres haberet. Ait ille idem sibi videri. Ita Pamphilus scyphos optimos aufert.

(33) Et mehercule ego antea, tametsi hoc nescio quid nugatorium sciebam esse, ista intellegere, tamen mirari solebam istum in his ipsis rebus aliquem sensum habere, quem scirem nulla in re quicquam simile hominis habere. **15** Tum primum intellexi ad eam rem istos fratres Cibyratas fuisse, ut iste in

baeum, mein Freund und Gastgeber, ein vornehmer Mann, folgendes erzählte: Verres habe ihm einen von der Hand des Boethius[46] verfertigten Krug, eine herrliche Arbeit von großem Gewicht, mit Gewalt weggenommen; da sei er recht traurig und verstört nach Hause zurückgekehrt, weil man ihm ein solches Gefäß weggenommen habe, das ihm von seinem Vater und von seinen Vorfahren hinterlassen worden sei und das er an Festtagen und beim Besuch von Gästen zu benutzen pflege. »Als ich traurig zu Hause saß«, erzählte er weiter, »kommt ein Venussklave[47] angelaufen. Er befiehlt mir, sofort meine mit kleinen Figuren verzierten Becher zum Prätor zu bringen. Ich war erregt«, sagte er, »ich hatte zwei; ich lasse sie beide hervorholen, damit es nicht noch schlimmer komme, und sie in meiner Begleitung zum Hause des Prätors bringen. Wie ich dort hinkomme, ruhte der Prätor gerade; die Brüder aus Kibyra gingen hin und her. Als sie mich sahen, sagten sie: ›Wo sind die Becher, Pamphilos?‹ Ich zeige sie traurig vor; sie loben mich. Ich beginne zu klagen: ich hätte nichts mehr, was von einigem Wert sei, wenn man mir auch noch die Becher wegnehme. Da fragen sie mich, als sie mich so verstört sehen: ›Was willst du uns dafür geben, daß man sie dir nicht wegnimmt?‹ Um es kurz zu machen«, sagte Pamphilos, »sie forderten 1000 Sesterzen von mir. Ich sagte, die würde ich zahlen. Inzwischen ruft der Prätor, er verlangt die Becher.« Da hätten sie begonnen, dem Prätor zu erklären, sie hätten nach dem, was sie gehört hätten, geglaubt, die Becher des Pamphilos seien von einigem Wert; es handele sich jedoch um minderwertiges Zeug, nicht wert, daß Verres es in seinem Tafelsilber habe. Der sagt, er sei derselben Meinung. So nimmt Pamphilos seine herrlichen Becher wieder mit.

(33) Und wahrhaftig, wenn ich auch wußte, daß es etwas Läppisches ist, sich in derlei Dingen auszukennen, so pflegte ich mich doch zu wundern, daß Verres gerade in diesen Dingen einiges Verständnis haben sollte, von dem ich doch wußte, daß er überhaupt nichts Menschliches an sich hatte.
15 Jetzt erst begriff ich, daß dafür die Brüder aus Kibyra da

furando manibus suis oculis illorum uteretur. At ita studiosus est huius praeclarae existimationis, ut putetur in hisce rebus intellegens esse, ut nuper – videte hominis amentiam: posteaquam est comperendinatus, cum iam pro damnato mortuoque esset, ludis circensibus mane apud L. Sisennam, virum primarium, cum essent triclinia strata argentumque expositum in aedibus, cum pro dignitate L. Sisennae domus esset plena hominum honestissimorum, accessit ad argentum, contemplari unum quidque otiose et considerare coepit. Mirari stultitiam alii, quod in ipso iudicio eius ipsius cupiditatis cuius insimularetur suspicionem augeret, alii amentiam, cui comperendinato, cum tam multi testes dixissent, quicquam illorum veniret in mentem. Pueri autem Sisennae, credo, qui audissent quae in istum testimonia essent dicta, oculos de isto nusquam deicere neque ab argento digitum discedere. (34) Est boni iudicis parvis ex rebus coniecturam facere unius cuiusque et cupiditatis et continentiae. Qui reus, et reus lege comperendinatus, re et opinione hominum paene damnatus, temperare non potuerit maximo conventu quin L. Sisennae argentum tractaret et consideraret, hunc praetorem in provincia quisquam putabit a Siculorum argento cupiditatem aut manus abstinere potuisse?

16 (35) Verum ut Lilybaeum, unde digressa est oratio, revertamur, Diocles est, Pamphili gener, illius a quo hydria ablata est, Popilius cognomine. Ab hoc abaci vasa omnia, ut exposita fuerunt, abstulit. Dicat se licet emisse; etenim hic propter

waren, daß sich Verres bei seinen Diebstählen zwar seiner Hände, aber ihrer Augen bediente. Doch er ist so versessen auf den glänzenden Ruf, auf diesem Gebiet als Kenner zu gelten, daß er neulich – seht euch doch die Verrücktheit dieses Menschen an: nachdem er schon zur zweiten Verhandlung vorgeladen war, als er schon für so gut wie verurteilt und tot galt, waren zur Zeit der Zirkusspiele[48] morgens im Hause des L. Sisenna[49], eines vorzüglichen Mannes, die Speisesofas hergerichtet und das Silber ausgestellt, und das Haus war, entsprechend dem Rang des L. Sisenna, voller hochangesehener Männer; da trat Verres an das Silber heran und begann, jedes einzelne Stück in aller Ruhe zu betrachten und zu prüfen. Die einen wunderten sich über seine Torheit, weil er sogar während des Prozesses den Verdacht verstärkte, gerade der Leidenschaft verfallen zu sein, deren er beschuldigt wurde; andere über sein wahnwitziges Benehmen, daß ihm, nachdem er zur zweiten Verhandlung vorgeladen war und so viele Zeugen ausgesagt hatten, überhaupt noch etwas Derartiges in den Sinn kam. Die Diener des Sisenna aber, die wohl gehört hatten, was für Zeugenaussagen über ihn gemacht worden waren, wandten an keiner Stelle ihre Augen von ihm ab und wichen keinen Fingerbreit von dem Silber. (34) Es zeichnet einen guten Richter aus, aus kleinen Dingen auf die Begehrlichkeit und Enthaltsamkeit eines jeden zu schließen. Jemand, der als Angeklagter, und zwar als Angeklagter, der nach dem Gesetz zur zweiten Verhandlung vorgeladen und nach dem Sachverhalt und der allgemeinen Meinung fast schon verurteilt ist, sich nicht hat enthalten können, in einer großen Gesellschaft das Silber des L. Sisenna anzufassen und zu prüfen, soll man von diesem Manne annehmen, er habe als Prätor in der Provinz seine Gier oder seine Hände von dem Silber der Sizilier fernhalten können?

16 (35) Doch um auf Lilybaeum, von wo meine Rede ausgegangen ist, zurückzukommen: dort wohnt Diokles, mit Beinamen Popilius, der Schwiegersohn jenes Pamphilos, dem man seinen Krug weggenommen hat. Dem raubte er alle Gefäße des Prunktisches, wie sie dort aufgestellt waren. Er

magnitudinem furti sunt, ut opinor, litterae factae. Iussit Timarchidem aestimare argentum, quo modo qui umquam tenuissime in donationem histrionum aestimavit. Tametsi iam dudum ego erro qui tam multa de tuis emptionibus verba faciam, et quaeram utrum emeris necne et quo modo et quanti emeris, quod verbo transigere possum. Ede mihi scriptum quid argenti in provincia Sicilia pararis, unde quidque aut quanti emeris. (36) Quid fit? Quamquam non debebam ego abs te has litteras poscere; me enim tabulas tuas habere et proferre oportebat. Verum negas te horum annorum aliquot confecisse. Compone hoc quod postulo de argento, de reliquo videro. 'Nec scriptum habeo nec possum edere.' Quid futurum igitur est? quid existimas hosce iudices facere posse? Domus plena signorum pulcherrimorum iam ante praeturam, multa ad villas tuas posita, multa deposita apud amicos, multa aliis data atque donata; tabulae nullum indicant emptum. Omne argentum ablatum ex Sicilia est, nihil cuiquam quod suum dici vellet relictum. Fingitur improba defensio, praetorem omne id argentum coemisse; tamen id ipsum tabulis demonstrari non potest. Si, quas tabulas profers, in his quae habes quo modo habeas scriptum non est, horum autem temporum cum te plurimas res emisse dicis tabulas omnino nullas profers, nonne te et prolatis et non prolatis tabulis condemnari necesse est?

17 (37) Tu a M. Coelio, equite Romano, lectissimo adulescente, quae voluisti Lilybaei abstulisti, tu C. Cacuri, prompti

mag sagen, er habe sie gekauft; denn hier hat man, glaube ich, wegen der Größe des Diebstahls eine Kaufurkunde aufgesetzt. Er befahl dem Timarchides, das Silber zu schätzen, sehr niedrig, so wie man je bei Geschenken für die Schauspieler geschätzt hat.[50] Indes schon lange gehe ich fehl, da ich so viele Worte über deine Käufe mache und frage, ob du gekauft hast oder nicht und wie und zu welchem Preis du gekauft hast; dabei kann ich das mit einem Wort erledigen. Gib mir eine Aufstellung darüber, was du dir an Silber in der Provinz Sizilien beschafft und bei wem oder zu welchem Preis du jedes Stück gekauft hast. (36) Was läßt sich da machen? Freilich hätte ich von dir dieses Verzeichnis nicht verlangen dürfen; es hätte mir ja zugestanden, deine Bücher in die Hand zu bekommen und vorzulegen. Doch du behauptest, du hättest während dieser Jahre[51] gar keine Bücher geführt. Erstelle das Verzeichnis über das Silber, das ich wünsche; mit dem übrigen bin ich schnell fertig. »Ich habe kein Verzeichnis und kann dir auch keins geben.« Was soll nun also werden? Was, meinst du, können die Richter hier tun? Dein Haus war schon vor deiner Prätur voll der schönsten Statuen; viele sind in deinen Landhäusern aufgestellt, viele bei Freunden abgestellt; viele hast du anderen überlassen und geschenkt – doch deine Bücher geben keinen Kauf an. Das ganze Silber ist aus Sizilien fortgeschafft, niemandem ist etwas gelassen, was er als sein Lieblingsstück bezeichnet wissen möchte. Da denkt man sich die unverschämte Ausrede aus, der Prätor habe das ganze Silber zusammengekauft. Doch gerade dies läßt sich nicht durch Bücher beweisen. Wenn in den Büchern, die du vorlegst, nicht aufgeschrieben ist, wie du erworben hast, was du hast, für die Zeit aber, in der du die meisten Dinge gekauft zu haben behauptest, überhaupt kein Buch vorlegst, mußt du dann nicht sowohl wegen der Bücher, die du vorgelegt, als auch wegen der, die du nicht vorgelegt hast, verurteilt werden?

17 (37) Du hast in Lilybaeum dem M. Coelius, einem römischen Ritter und ganz ausgezeichneten jungen Mann, weggenommen, was du wolltest; du hast kein Bedenken gehabt,

hominis et experientis et in primis gratiosi, supellectilem omnem auferre non dubitasti, tu maximam et pulcherrimam mensam citream a Q. Lutatio Diodoro, qui Q. Catuli beneficio ab L. Sulla civis Romanus factus est, omnibus scientibus Lilybaei abstulisti. Non tibi obicio quod hominem dignissimum tuis moribus, Apollonium, Niconis filium, Drepanitanum, qui nunc A. Clodius vocatur, omni argento optime facto spoliasti ac depeculatus es; taceo. Non enim putat ille sibi iniuriam factam, propterea quod homini iam perdito et collum in laqueum inserenti subvenisti, cum pupillis Drepanitanis bona patria erepta cum illo partitus es; gaudeo etiam si quid ab eo abstulisti, et abs te nihil rectius factum esse dico. A Lysone vero Lilybitano, primo homine, apud quem deversatus es, Apollinis signum ablatum certe non oportuit. Dices te emisse. Scio, HS mille. 'Ita opinor.' Scio, inquam. 'Proferam litteras.' Tamen id factum non oportuit. A pupillo Heio, cui C. Marcellus tutor est, a quo pecuniam grandem eripueras, scaphia cum emblematis Lilybaei utrum empta esse dicis an confiteris erepta?
(38) Sed quid ego istius in eius modi rebus mediocris iniurias colligo, quae tantum modo in furtis istius et damnis eorum a quibus auferebat versatae esse videantur? Accipite, si vultis, iudices, rem eius modi ut amentiam singularem et furorem iam, non cupiditatem eius perspicere possitis.
18 Melitensis Diodorus est, qui apud vos antea testimonium dixit. Is Lilybaei multos iam annos habitat, homo et domi

dem C. Cacurius, einem gewandten und rührigen und besonders beliebten Manne den gesamten Hausrat wegzunehmen; du hast in Lilybaeum, wie alle wissen, dem Q. Lutatius Diodorus, der durch die Fürsprache des Q. Catulus[52] von L. Sulla zum römischen Bürger gemacht worden ist, einen besonders großen und schönen Tisch aus Zitrusholz[53] weggenommen. Ich werfe dir nicht vor, daß du einem Menschen, der ganz zu deinem Charakter paßt, dem Apollonios aus Drepanon[54], dem Sohne des Nikon, der sich jetzt A. Clodius nennt, das ganze vorzüglich gearbeitete Silber geraubt und gestohlen hast. Ich schweige darüber; denn er glaubt nicht, daß ihm ein Unrecht geschehen sei, weil du dem Manne, der schon verloren war und seinen Hals in die Schlinge steckte, zu Hilfe gekommen bist, als du das den Mündeln von Drepanon entrissene väterliche Erbe mit ihm teiltest;[55] ich freue mich sogar, daß du ihm etwas abgenommen hast, und erkläre, daß du nie etwas Richtigeres getan hast. Dem Lyson aus Lilybaeum, einem vornehmen Manne, bei dem du dich einquartiertest, hättest du wenigstens die Apollonstatue nicht wegnehmen sollen. Du wirst behaupten, du habest sie gekauft. Ich weiß, für tausend Sesterzen. »So ist es, meine ich.« Ich weiß, sage ich. »Ich werde Urkunden vorlegen.« Dennoch hätte es nicht geschehen dürfen. Doch dem unmündigen Heius aus Lilybaeum, dessen Vormund C. Marcellus[56] ist und dem du einen großen Geldbetrag abgenommen hattest – behauptest du da, du habest *dem* die Trinkschalen mit den Treibarbeiten abgekauft oder gibst du zu, daß du sie geraubt hast?
(38) Doch was stelle ich mit derartigen Dingen nur unbedeutende Rechtsverletzungen des Verres zusammen, die sich offenbar auf die Diebstähle des Verres und den Schaden der Beraubten beschränken? Vernehmt jetzt, ihr Richter, wenn ihr wollt, einen solchen Vorfall, daß ihr daran bereits seinen beispiellosen Wahnsinn und seine Wut und nicht nur seine Gier erkennen könnt.
18 Diodoros ist aus Melita[57]; er hat vorhin als Zeuge vor euch ausgesagt. Er wohnt schon viele Jahre in Lilybaeum, er ist in

nobilis et apud eos quo se contulit propter virtutem splendidus et gratiosus. De hoc Verri dicitur habere eum perbona toreumata, in his pocula quaedam, quae Thericlia nominantur, Mentoris manu summo artificio facta. Quod iste ubi audivit, sic cupiditate inflammatus est non solum inspiciendi verum etiam auferendi ut Diodorum ad se vocaret ac posceret. Ille, qui illa non invitus haberet, respondit Lilybaei se non habere, Melitae apud quendam propinquum suum reliquisse. (39) Tum iste continuo mittit homines certos Melitam, scribit ad quosdam Melitensis ut ea vasa perquirant, rogat Diodorum ut ad illum propinquum suum det litteras; nihil ei longius videbatur quam dum illud videret argentum. Diodorus, homo frugi ac diligens, qui sua servare vellet, ad propinquum suum scribit ut iis qui a Verre venissent responderet illud argentum se paucis illis diebus misisse Lilybaeum. Ipse interea recedit; abesse a domo paulisper maluit quam praesens illud optime factum argentum amittere. Quod ubi iste audivit, usque eo commotus est ut sine ulla dubitatione insanire omnibus ac furere videretur. Quia non potuerat eripere argentum ipse Diodoro, erepta sibi vasa optime facta dicebat; minitari absenti Diodoro, vociferari palam, lacrimas interdum non tenere. Eriphylam accepimus in fabulis ea cupiditate ut, cum vidisset monile, ut opinor, ex auro et gemmis, pulchritudine eius incensa salutem viri proderet. Similis istius cupiditas, hoc etiam acrior atque insanior, quod illa cupiebat id quod viderat, huius libidines non solum oculis sed etiam auribus excitabantur.

seiner Heimat angesehen und auch dort, wohin er sich begibt, wegen seiner Vorzüge geschätzt und beliebt. Über ihn erzählt man dem Verres, er besitze sehr gute getriebene Arbeiten, darunter bestimmte Becher, die man therikleische[58] nennt, von der Hand des Mentor[59] mit höchster Kunstfertigkeit gearbeitet. Als er das hörte, entbrannte er so sehr vor Gier, nicht nur, sie zu besichtigen, sondern auch, sie an sich zu bringen, daß er den Diodoros zu sich rief und sie verlangte. Der hing an seinem Besitz; er antwortete daher, er habe die Becher nicht in Lilybaeum, sondern bei einem seiner Verwandten in Melita zurückgelassen. (39) Da schickt Verres unverzüglich zuverlässige Leute nach Melita; er schreibt an einige Melitenser, sie sollten sich nach den Gefäßen erkundigen; er bittet Diodoros, seinen Verwandten brieflich zu benachrichtigen. Nichts erschien ihm länger als die Zeit, bis er die Gefäße zu sehen bekäme. Diodoros, ein ordentlicher, sparsamer Mann, der seinen Besitz erhalten wollte, schreibt an seinen Verwandten, er solle den Boten des Verres den Bescheid geben, das Silber vor wenigen Tagen nach Lilybaeum geschickt zu haben. Er selbst setzt sich inzwischen ab; er wollte lieber ein Weilchen von Hause abwesend sein, als durch seine Anwesenheit das herrlich gearbeitete Silber verlieren. Als Verres das hörte, regte er sich so sehr auf, daß alle der festen Meinung waren, er habe den Verstand verloren und sei wahnsinnig geworden. Weil er selbst dem Diodoros das Silber nicht hatte entreißen können, erklärte er, man habe ihm die herrlich gearbeiteten Gefäße entrissen; er drohte dem abwesenden Diodoros, schrie laut in der Öffentlichkeit und konnte bisweilen nicht seine Tränen zurückhalten. Eriphyle war – so hören wir in der Sage – so gierig, daß sie das Leben ihres Mannes verriet, als sie eine Halskette, die, wie ich glaube, aus Gold und Edelsteinen bestand, gesehen hatte und von deren Schönheit entflammt war.[60] So ähnlich war auch die Gier des Verres, nur noch um so heftiger und rasender, weil die Eriphyle begehrte, was sie gesehen hatte, die Gelüste des Verres aber nicht nur durch die Augen, sondern auch durch die Ohren geweckt wurden.

19 (40) Conquiri Diodorum tota provincia iubet: ille ex Sicilia iam castra commoverat et vasa collegerat. Homo, ut aliquo modo in provinciam illum revocaret, hanc excogitat rationem, si haec ratio potius quam amentia nominanda est. Apponit de suis canibus quendam qui dicat se Diodorum Melitensem rei capitalis reum velle facere. Primo mirum omnibus videri Diodorum reum, hominem quietissimum, ab omni non modo facinoris verum etiam minimi errati suspicione remotissimum; deinde esse perspicuum fieri omnia illa propter argentum. Iste non dubitat iubere nomen referri, et tum primum ut opinor istum absentis nomen recepisse.
(41) Res clara Sicilia tota, propter caelati argenti cupiditatem reos fieri rerum capitalium, neque solum reos fieri, sed etiam absentis. Diodorus Romae sordidatus circum patronos atque hospites cursare, rem omnibus narrare. Litterae mittuntur isti a patre vehementes, ab amicis item, videret quid ageret de Diodoro, quo progrederetur; rem claram esse et invidiosam; insanire hominem, periturum hoc uno crimine, nisi cavisset. Iste etiam tum patrem, si non in parentis, at in hominum numero putabat; ad iudicium nondum se satis instruxerat; primus annus erat provinciae, non *erat*, ut in Sthenio, iam refertus pecunia. Itaque furor eius paululum non pudore, sed metu ac timore repressus est. Condemnare Diodorum non audet absentem, de reis eximit. Diodorus interea praetore

19 (40) Er läßt in der ganzen Provinz nach Diodoros suchen. Doch der hatte sein Lager bereits aus Sizilien verlegt und seine Geräte zusammengepackt.[61] Um ihn irgendwie in die Provinz zurückzuschaffen, denkt sich der Mensch folgenden Plan aus, wenn man das einen vernünftigen Plan und nicht vielmehr ein wahnwitziges Unterfangen nennen soll. Er stiftet einen seiner Spürhunde[62] an, er solle ausstreuen, er, Verres, wolle gegen Diodoros aus Melita wegen eines Kapitalverbrechens Klage erheben. Zuerst kam das allen seltsam vor: Diodoros als Angeklagter, ein ganz friedlicher Mensch, der über jeden Verdacht nicht nur eines Verbrechens, sondern auch der geringsten Verfehlung gänzlich erhaben war; doch dann wurde es offenkundig, daß dies alles nur wegen des Silbers geschehe. Ohne zu zögern, befiehlt Verres, die Klage einzureichen, und das war damals, wie ich glaube, das erste Mal, daß er eine Klage gegen einen Abwesenden annahm.[63]

(41) In ganz Sizilien wurde bekannt, daß Menschen, weil man ihre getriebenen Silbersachen begehrte, eines Kapitalverbrechens angeklagt würden, und zwar nicht nur in einem ordentlichen Verfahren, sondern sogar in Abwesenheit. Diodoros lief in Trauerkleidern bei seinen Schutzherrn und Gastfreunden in Rom umher; er erzählte allen von der Sache. Der Vater schickt geharnischte Briefe an Verres und ebenso die Freunde: er solle sich überlegen, was er mit Diodoros tue, wieweit er gehen wolle; die Sache sei bekannt und errege Unwillen; er benehme sich wie ein Wahnsinniger, er werde durch dies eine Verbrechen zu Fall kommen, wenn er sich nicht vorsehe. Verres betrachtete damals noch seinen Vater zwar nicht als Vater, aber doch wenigstens als Menschen; er hatte sich noch nicht genug auf einen Prozeß eingerichtet; es war das erste Jahr seiner Provinzverwaltung; noch war er nicht, wie bei Sthenius, bis zum Überfluß mit Geld ausgestattet.[64] So legte sich seine Wut ein wenig wohl nicht aus Schamgefühl, aber aus Furcht und Angst. Er wagt es nicht, Diodoros in Abwesenheit zu verurteilen; er streicht ihn aus der Liste der Angeklagten. Diodoros mußte jedoch während

isto prope triennium provincia domoque caruit. (42) Ceteri, non solum Siculi sed etiam cives Romani, hoc statuerant, quoniam iste tantum cupiditate progrederetur, nihil esse quod quisquam putaret se, quod isti paulo magis placeret, conservare aut domi retinere posse; postea vero quam intellexerunt isti virum fortem, quem summe provincia exspectabat, Q. Arrium, non succedere, statuerunt nihil se tam clausum neque tam reconditum posse habere quod non istius cupiditati apertissimum promptissimumque esset. Tum iste ab equite Romano splendido et gratioso, Cn. Calidio, cuius filium sciebat senatorem populi Romani et iudicem esse, eculeos argenteos nobilis, qui Q. Maximi fuerant, aufert. (43) Imprudens huc incidi, iudices; emit enim, non abstulit; nollem dixisse; iactabit se et in his equitabit eculeis. 'Emi, pecuniam solvi.' Credo. 'Etiam tabulae proferentur.' Est tanti; cedo tabulas. Dilue sane crimen hoc Calidianum, dum ego tabulas aspicere possim. Verum tamen quid erat quod Calidius Romae quereretur se, cum tot annos in Sicilia negotiaretur, a te solo ita esse contemptum, ita despectum ut etiam una cum ceteris Siculis despoliaretur? Si emeras, quid erat quod confirmabat se abs te argentum esse repetiturum, si id tibi sua voluntate vendiderat? Tu porro posses facere ut Cn. Calidio non redderes? praesertim cum is L. Sisenna, defensore tuo, tam familiariter uteretur, et cum ceteris familiaribus Sisennae reddidisses. (44) Denique non opinor negaturum esse te homini honesto, sed non gratiosiori quam Cn.

der Prätur des Verres fast drei Jahre lang der Provinz und seinem Hause fernbleiben. (42) Alle anderen, nicht nur die Sizilier, sondern auch die römischen Bürger hatten jetzt die Überzeugung gewonnen: da Verres in seiner Gier soweit gehe, dürfe sich keiner einbilden, er könne etwas, das diesem Menschen auch nur ein wenig mehr gefalle, retten oder bei sich zu Hause behalten; **20** nachdem sie aber gemerkt hatten, daß der tüchtige Q. Arrius, den die Provinz dringend erwartete, ihn nicht als Nachfolger ablöse,[65] da stand es für sie fest, daß sie nichts so verschlossen und so verborgen halten könnten, daß es für seine Begierde nicht leicht zugänglich und unschwer zu finden sei.

Dann nimmt er dem angesehenen und beliebten römischen Ritter Cn. Calidius, dessen Sohn, wie er wußte, Senator des römischen Volkes ist, kostbare silberne Pferdchen[66] weg, die dem Q. Maximus[67] gehört hatten. (43) Versehentlich bin ich darauf verfallen, ihr Richter, mich so auszudrücken; denn er hat sie gekauft, nicht weggenommen. Ich wünschte, ich hätte das nicht gesagt; jetzt wird er sich in die Brust werfen und auf diesen Pferdchen herumreiten. »Ich habe sie gekauft, habe Geld dafür bezahlt.« Ich glaube es. »Ich werde auch die Belege beibringen.« So viel ist es mir wert;[68] heraus mit den Belegen. Du magst meinetwegen die Anschuldigung wegen Calidius entkräften, wenn ich nur die Belege einsehen kann. Doch was war der Grund, daß Calidius sich in Rom beklagte, er, der seit so vielen Jahren in Sizilien Handelsgeschäfte betreibe, sei von dir allein so verächtlich, so herablassend behandelt worden, daß man ihn ebenso wie die anderen, die Sizilier, ausgeplündert habe? Wenn du gekauft hattest, was für einen Sinn hatte es dann, daß er versicherte, er werde sein Silber von dir zurückverlangen – wenn er es dir doch freiwillig verkauft hatte? Doch du hättest es dann fertiggebracht, Cn. Calidius nichts zurückzugeben? Zumal er doch mit L. Sisenna, deinem Verteidiger, so eng befreundet war und zumal du den anderen Freunden Sisennas ihr Eigentum zurückgegeben hast. (44) Letztendlich wirst du, glaube ich, nicht leugnen, daß du dem angesehenen L. Curidius, der

Calidius est, L. Curidio, te argentum per Potamonem, amicum tuum, reddidisse. Qui quidem ceterorum causam apud te difficiliorem fecit. Nam cum te compluribus confirmasses redditurum, posteaquam Curidius pro testimonio dixit te sibi reddidisse, finem reddendi fecisti, quod intellexisti praeda te de manibus emissa testimonium tamen effugere non posse. Cn. Calidio, equiti Romano, per omnis alios praetores licuit habere argentum bene factum, licuit posse domesticis copiis, cum magistratum aut aliquem superiorem invitasset, ornare et apparare convivium. Multi domi Cn. Calidi cum potestate atque imperio fuerunt: nemo inventus est tam amens qui illud argentum tam praeclarum ac tam nobile eriperet, nemo tam audax qui posceret, nemo tam impudens qui postularet ut venderet. (45) Superbum est enim, iudices, et non ferendum dicere praetorem in provincia homini honesto, locupleti, splendido, 'Vende mihi vasa caelata'; hoc est enim dicere, 'Non es dignus tu qui habeas quae tam bene facta sunt, meae dignitatis ista sunt.' Tu dignior, Verres, quam Calidius? qui, ut non conferam vitam neque existimationem tuam cum illius – neque enim est conferenda; hoc ipsum conferam quo tu te superiorem fingis; quod HS $\overline{\text{CCC}}$ divisoribus ut praetor renuntiarere dedisti, trecenta accusatori ne tibi odiosus esset, ea re contemnis equestrem ordinem et despicis? ea re tibi indignum visum est quicquam, quod tibi placeret, Calidium potius habere quam te?

21 (46) Iactat se iam dudum de Calidio, narrat omnibus emisse se. Num etiam de L. Papinio, viro primario, locupleti

doch nicht beliebter ist als Cn. Calidius, durch Vermittlung deines Freundes Potamo[69] sein Silber zurückgegeben hast. Der hat freilich die Sache der übrigen bei dir erschwert. Denn du hattest zwar mehreren die Rückgabe zugesichert; doch nachdem Curidius als Zeuge ausgesagt hatte, du habest ihm das Seine zurückgegeben, machtest du mit der Rückgabe Schluß. Denn dir war klar, daß du die Beute aus der Hand geben würdest und doch der Zeugenaussage nicht entrinnen könntest. Dem römischen Ritter Cn. Calidius war es unter allen anderen Prätoren möglich, sein schön gearbeitetes Silber zu behalten, es war ihm möglich, sooft er einen Beamten oder eine höhergestellte Persönlichkeit einlud, das Gastmahl mit den Schätzen seines Hauses geschmackvoll auszustatten. Viele Inhaber der höchsten Zivil- und Militärgewalt waren im Hause des Cn. Calidius; niemand erwies sich als so wahnwitzig, daß er ihm das so herrliche und so vorzügliche Silber wegnahm, niemand als so frech, daß er es forderte, niemand als so unverschämt, daß er verlangte, es ihm zu verkaufen. (45) Denn es ist überheblich, ihr Richter, und unerträglich, daß ein Prätor in der Provinz einem ehrenhaften, wohlhabenden und angesehenen Mann sagt: »Verkauf mir die ziselierten Gefäße.« Denn das bedeutet so viel wie: »Du verdienst es nicht, Dinge zu besitzen, die so schön gearbeitet sind; die passen besser zu meiner Stellung.« Du verdienst es eher, Verres, als Calidius? Der du – doch ich will nicht dein Leben und deinen Ruf mit dem seinigen vergleichen; denn das läßt sich nicht vergleichen; ich will zum Vergleich nur anführen, wodurch du den höheren Rang zu haben meinst: weil du 300000 Sesterzen an die Geldverteiler[70] gezahlt hast, damit du zum Prätor gewählt wirst, und 300000 an den Ankläger,[71] damit er dir nicht lästig werde, deshalb verachtest du den Ritterstand und schaust auf ihn herab? Deshalb kam es dir unwürdig vor, daß Calidius etwas, was dir gefiel, eher besitzen sollte als du?

21 (46) Schon lange brüstet er sich wegen des Calidius; er erzählt allen, er habe die Dinge gekauft. Hast du etwa auch dem L. Papinius, einem vornehmen, wohlhabenden

honestoque equite Romano, turibulum emisti? qui pro testimonio dixit te, cum inspiciendum poposcisses, evulso emblemate remisisse; ut intellegatis in homine intellegentiam esse non avaritiam, artifici cupidum non argenti fuisse. Nec solum in Papinio fuit hac abstinentia; tenuit hoc institutum in turibulis omnibus quaecumque in Sicilia fuerunt. Incredibile est autem quam multa et quam praeclara fuerint. Credo tum cum Sicilia florebat opibus et copiis magna artificia fuisse in ea insula. Nam domus erat ante istum praetorem nulla paulo locupletior qua in domo haec non essent, etiamsi praeterea nihil esset argenti, patella grandis cum sigillis ac simulacris deorum, patera qua mulieres ad res divinas uterentur, turibulum, – haec autem omnia antiquo opere et summo artificio facta, ut hoc liceret suspicari, fuisse aliquando apud Siculos peraeque pro portione cetera, sed, quibus multa fortuna ademisset, tamen apud eos remansisse ea quae religio retinuisset. (47) Dixi, iudices, multa fuisse fere apud omnis Siculos: ego idem confirmo nunc ne unum quidem esse. Quid hoc est? quod hoc monstrum, quod prodigium in provinciam misimus? Nonne vobis id egisse videtur ut non unius libidinem, non suos oculos, sed omnium cupidissimorum insanias, cum Romam revertisset, expleret? Qui simul atque in oppidum quodpiam venerat, immittebantur illi continuo Cibyratici canes, qui investigabant et perscrutabantur omnia. Si quod erat grande vas et maius opus inventum, laeti adferebant; si minus eius modi quidpiam venari potuerant, illa quidem certe pro lepusculis capiebantur,

und ehrenhaften römischen Ritter das Weihrauchgefäß abgekauft? Der hat als Zeuge ausgesagt, du habest es zur Ansicht verlangt, das eingelassene Relief herausgerissen und es dann zurückgeschickt; hieran könnt ihr erkennen, daß für den Menschen Kennerschaft, nicht Habsucht kennzeichnend ist, daß er auf das Kunstwerk, nicht auf das Silber erpicht war. Nicht nur bei Papinius war er von solcher Enthaltsamkeit; er hielt sich an diesen Grundsatz bei allen Weihrauchgefäßen, die es in Sizilien gab. Es ist aber unglaublich, wie viele und wie herrliche es gab. Ich glaube, einst, als Sizilien in der Blüte seiner Macht und seines Reichtums stand, hat es große Kunstschätze auf der Insel gegeben. Denn es gab dort vor der Prätur des Verres kein einigermaßen wohlhabendes Haus, in dem nicht, wenn auch sonst nichts an Silber vorhanden war, folgende Dinge zu finden waren: eine große Schüssel mit kleinen Figuren und Götterbildern, eine Schale, die die Frauen bei Opferhandlungen gebrauchten, und ein Weihrauchgefäß. Dies alles waren alte Arbeiten, mit größter Kunst ausgeführt, so daß man vermuten durfte, bei den Siziliern seien einst auch die anderen Geräte von ganz ähnlicher Beschaffenheit gewesen; aber wenn ihnen auch das Schicksal viel genommen habe, so sei ihnen doch wenigstens das geblieben, was die Ehrfurcht vor den Göttern erhalten habe. (47) Ich sagte, ihr Richter, daß es bei fast allen Siziliern vielerlei Dinge gegeben hat; nunmehr versichere ich auch, daß sich jetzt kein einziges Stück mehr dort findet. Was ist das für ein Zustand! Was für ein Ungeheuer, was für ein Scheusal haben wir da in die Provinz geschickt? Meint ihr nicht, daß er darauf aus war, nicht bloß die Leidenschaft eines einzelnen, nicht bloß seine eigenen Augen, sondern auch die irrsinnige Gier aller Habsüchtigen zu befriedigen, wenn er nach Rom zurückkehre? Denn sobald er in irgendeine Stadt kam, ließ er sofort die Hunde aus Kibyra los, die alles aufspürten und durchsuchten. War ein großes Gefäß, ein größeres Stück gefunden, brachten sie es freudig herbei; doch wenn sie nichts Derartiges zu erjagen vermochten, so fingen sie wenigstens »kleine Hasen« wie Schüsseln, Schalen und

patellae, paterae, turibula. Hic quos putatis fletus mulierum, quas lamentationes fieri solitas esse in hisce rebut? quae forsitan vobis parvae esse videantur, sed magnum et acerbum dolorem commovent, mulierculis praesertim, cum eripiuntur e manibus ea quibus ad res divinas uti consuerunt, quae a suis acceperunt, quae in familia semper fuerunt.

22 (48) Hic nolite exspectare dum ego haec crimina agam ostiatim, ab Aeschylo Tyndaritano istum pateram abstulisse, a Thrasone item Tyndaritano patellam, a Nymphodoro Agrigentino turibulum. Cum testis ex Sicilia dabo, quem volet ille eligat quem ego interrogem de patellis, pateris, turibulis: non modo oppidum nullum, sed ne domus quidem ulla paulo locupletior expers huius iniuriae reperietur. Qui cum in convivium venisset, si quicquam caelati aspexerat, manus abstinere, iudices, non poterat. Cn. Pompeius est, Philo qui fuit, Tyndaritanus. Is cenam isti dabat apud villam in Tyndaritano. Fecit quod Siculi non audebant; ille, civis Romanus quod erat, impunius id se facturum putavit; adposuit patellam in qua sigilla erant egregia. Iste continuo ut vidit, non dubitavit illud insigne penatium hospitaliumque deorum ex hospitali mensa tollere, sed tamen, quod ante de istius abstinentia dixeram, sigillis avulsis reliquum argentum sine ulla avaritia reddidit. (49) Quid? Eupolemo Calactino, homini nobili, Lucullorum hospiti ac perfamiliari, qui nunc apud exercitum cum L. Lucullo est, non idem fecit? Cenabat apud eum; argentum ille ceterum purum adposuerat, ne purus ipse relinqueretur, duo pocula non magna, verum tamen cum emblemate. Hic tamquam festivum acroama, ne sine corolla-

Weihrauchgefäße. Was für Weibertränen, meint ihr, was für Klagen pflegte es hierbei zu geben? Das mag euch vielleicht als unbedeutend erscheinen, doch es ruft großen und heftigen Schmerz hervor, zumal bei den armen Frauen, wenn man ihnen die Dinge aus den Händen reißt, die sie beim Opferdienst zu gebrauchen pflegten, die sie von ihren Vorfahren übernommen, die sich immer in ihrer Familie befunden haben.

22 (48) Erwartet jetzt nicht, daß ich diese Vergehen Haus für Haus nachweise: wie er dem Aischylos aus Tyndaris eine Schale weggenommen hat, dem Thraso, ebenfalls aus Tyndaris, eine Schüssel, dem Nymphodoros aus Agrigent ein Weihrauchgefäß. Wenn ich Zeugen aus Sizilien aufbiete, dann mag er nach Belieben einen auswählen, den ich über die Schüsseln, Schalen und Weihrauchgefäße befragen soll: keine Stadt wird sich finden, ja nicht einmal ein einigermaßen wohlhabendes Haus, das von diesem Unrecht nicht betroffen wäre. Denn sooft er zu einem Gastmahl kam und etwas in getriebener Arbeit erblickte, konnte er seine Hände nicht davon fernhalten, ihr Richter. Cn. Pompeius, der früher Philon hieß,[72] ist aus Tyndaris. Der gab ihm in seinem Landhaus bei Tyndaris ein Essen. Er tat, was die Sizilier nicht wagten; er glaubte, er könne es, weil er römischer Bürger war, ohne größere Gefahr tun: er ließ eine Schüssel auftragen, an der hervorragende kleine Figuren waren. Sobald Verres sie sah, zögerte er nicht, das Prachtstück der Haus und Gäste beschützenden Götter von der gastlichen Tafel wegzunehmen, doch dann, wie ich schon vorhin hinsichtlich seiner Enthaltsamkeit gesagt habe, riß er die Figuren ab und gab das übrige Silber ohne irgendwelche Habgier zurück. (49) Wie? Hat er nicht dem Eupolemos aus Kalakte[73], einem vornehmen Gastfreund und engen Vertrauten der Lukuller, der sich jetzt mit Lukullus beim Heer befindet, dasselbe angetan?[74] Er speiste bei ihm; der hatte sonst nur bloßes Silber ohne Zierat aufstellen lassen, damit er selbst nicht bloß dastehe, ferner zwei kleinere Becher, diese allerdings mit eingelegter Arbeit verziert. Verres wollte, als sei er ein Festsänger, nicht

rio de convivio discederet, ibidem convivis spectantibus emblemata evellenda curavit.
Neque ego nunc istius facta omnia enumerare conor, neque opus est nec fieri ullo modo potest: tantum unius cuiusque de varia improbitate generis indicia apud vos et exempla profero. Neque enim ita se gessit in his rebus tamquam rationem aliquando esset redditurus, sed prorsus ita quasi aut reus numquam esset futurus, aut, quo plura abstulisset, eo minore periculo in iudicium venturus esset; qui haec quae dico iam non occulte, non per amicos atque interpretes, sed palam de loco superiore ageret pro imperio et potestate.
23 (50) Catinam cum venisset, oppidum locuples, honestum, copiosum, Dionysiarchum ad se proagorum, hoc est summum magistratum, vocari iubet; ei palam imperat ut omne argentum quod apud quemque esset Catinae conquirendum curaret et ad se adferendum. Phylarchum Centuripinum, primum hominem genere, virtute, pecunia, non hoc idem iuratum dicere audistis, sibi istum negotium dedisse atque imperasse ut Centuripinis, in civitate totius Siciliae multo maxima et locupletissima, omne argentum conquireret et ad se comportari iuberet? Agyrio similiter istius imperio vasa Corinthia per Apollodorum, quem testem audistis, Syracusas deportata sunt. (51) Illa vero optima [est], quod, cum Haluntium venisset praetor laboriosus et diligens, ipse in oppidum noluit accedere, quod erat difficili ascensu atque arduo, Archagathum Haluntinum, hominem non solum domi, sed tota Sicilia in primis nobilem, vocari iussit. Ei negotium dedit ut, quidquid Halunti esset argenti caelati aut

ohne Belohnung vom Essen weggehen; er ließ daher gleich an Ort und Stelle vor den Augen der Gäste die Reliefbänder herausreißen.[75]

Ich versuche jetzt nicht, alle seine Untaten aufzuzählen; das ist weder nötig noch irgendwie möglich. Ich will euch nur von einer jeden Art seiner vielfältigen Skrupellosigkeit charakteristische Beispiele vortragen. Denn er führte sich hierbei nicht so auf, als ob er dereinst würde Rechenschaft ablegen müssen, sondern ganz und gar so, als ob er niemals angeklagt würde, ja als ob die Gefahr vor Gericht zu kommen um so geringer werde, je mehr er weggenommen habe. Denn er tat das, was ich vorbringe, nicht im geheimen, nicht mehr durch Freunde und Mittelsmänner, sondern öffentlich von der Höhe des Richterstuhls herab kraft seiner Befehls- und Amtsgewalt.

23 (50) Als er nach Catina gekommen war, in eine reiche, angesehene und gut ausgestattete Stadt, da ließ er Dionysiarchos, den Proagoras[76], das heißt den höchsten Beamten, zu sich rufen. Er befiehlt ihm öffentlich, das ganze Silber, das bei wem auch immer in Catina sei, zusammensuchen und zu ihm bringen zu lassen. Habt ihr nicht den Phylarchos aus Centuripae, einen durch Herkunft, Tüchtigkeit und Vermögen ausgezeichneten Mann, unter Eid eben dasselbe aussagen hören: Verres habe ihm den Auftrag gegeben und befohlen: er solle in Centuripae, der bei weitem größten und reichsten Gemeinde ganz Siziliens, das gesamte Silber zusammensuchen und zu ihm schaffen lassen? In ähnlicher Weise sind durch Apollodoros, den ihr als Zeugen gehört habt, auf Befehl des Verres die korinthischen Gefäße von Agyrion nach Syrakus geschafft worden. (51) Doch folgendes ist das beste: als der fleißige und gewissenhafte Prätor in die Gegend von Haluntion[77] gekommen war, da wollte er sich nicht selbst in die Stadt begeben, weil der Anstieg dorthin schwierig und steil war; daher ließ er den Haluntiner Archagathos, einen nicht nur in seiner Heimat, sondern in ganz Sizilien besonders angesehenen Mann, zu sich rufen. Ihm gab er den Auftrag, alles, was sich an silbernem Gerät mit getriebener Arbeit

si quid etiam Corinthiorum, id omne statim ad mare ex oppido deportaretur. Escendit in oppidum Archagathus. Homo nobilis, qui a suis amari et diligi vellet, ferebat graviter illam sibi ab isto provinciam datam, nec quid faceret habebat; pronuntiat quid sibi imperatum esset; iubet omnis proferre quod haberent. Metus erat summus; ipse enim tyrannus non discedebat longius; Archagathum et argentum in lectica cubans ad mare infra oppidum exspectabat. (52) Quem concursum in oppido factum putatis, quem clamorem, quem porro fletum mulierum? qui videret equum Troianum introductum, urbem captam diceret. Efferri sine thecis vasa, extorqueri alia de manibus mulierum, ecfringi multorum foris, revelli claustra. Quid enim putatis? Scuta si quando conquiruntur a privatis in bello ac tumultu, tamen homines inviti dant, etsi ad salutem communem dari sentiunt, ne quem putetis sine maximo dolore argentum caelatum domo, quod alter eriperet, protulisse. Omnia deferuntur. Cibyratae fratres vocantur; pauca improbant; quae probarant, iis crustae aut emblemata detrahebantur. Sic Haluntini excussis deliciis cum argento puro domum revertuntur.

24 (53) Quod umquam, iudices, huiusce modi everriculum ulla in provincia fuit? Avertere aliquid de publico quam obscurissime per magistratum solebant; etiam cum aliquid a privato non numquam, occulte auferebant, et ii tamen condemnabantur. Et si quaeritis, ut ipse de me detraham, illos

oder was sich auch an korinthischen Gefäßen in Haluntion befinde, auf der Stelle aus der Stadt ans Meer herabschaffen zu lassen. Archagathos stieg in die Stadt hinauf. Der vornehme Mann, dem es viel bedeutete, von seinen Mitbürgern geliebt und geachtet zu werden, fühlte sich bedrückt, daß Verres ihm diesen Auftrag gegeben hatte, und er wußte nicht, was er tun sollte. Er gibt bekannt, was man ihm befohlen hatte; er veranlaßt alle herbeizubringen, was sie hatten. Es herrschte die größte Angst; denn der Tyrann selbst ging keinen Schritt weiter; in der Sänfte liegend, wartete er am Meer unterhalb der Stadt auf Archagathos und das Silber. (52) Was für einen Auflauf, glaubt ihr, gab es in der Stadt, was für ein Geschrei, und dazu was für ein Wehklagen der Frauen? Wer das sah, konnte meinen, das Trojanische Pferd sei hereingeholt worden, die Stadt sei erobert. Man trug die Gefäße ohne ihre Behälter ins Freie, man riß andere den Frauen aus den Händen, man brach bei vielen die Türen auf und riß die Riegel los. Denn was glaubt ihr wohl? Wenn im Falle eines Krieges und innerer Unruhen bei Privatpersonen Schilde eingetrieben werden, dann geben die Leute sie doch ungern ab, wenn sie auch einsehen, daß sie fürs allgemeine Wohl abgeliefert werden; glaubt also nicht, daß irgendeiner ohne größten Schmerz sein mit getriebener Arbeit versehenes Silber aus dem Haus hervorgeholt hat, damit ein anderer es sich gewaltsam aneigne. Alles schafft man hinunter. Die Brüder aus Kibyra werden gerufen; nur weniges finden sie schlecht; von den Stücken, die sie gut finden, reißt man die Zierstreifen und die Reliefs ab. So kehren die Haluntiner nach Entfernung der kostbaren Teile mit dem bloßen Silber nach Hause zurück.

24 (53) Wo hat es jemals in einer Provinz einen solchen Kehrbesen[78] gegeben, ihr Richter? Daß man etwas aus öffentlichem Eigentum so heimlich wie möglich mit Hilfe eines Beamten entwendete, war nicht ungewöhnlich; auch wenn man bisweilen einer Privatperson etwas wegnahm, so nahm man es heimlich, und doch wurden diese Leute verurteilt. Und wenn ihr mich fragt (auch wenn ich selbst mein Ver-

ego accusatores puto fuisse qui eius modi hominum furta odore aut aliquo leviter presso vestigio persequebantur. Nam nos quidem quid facimus in Verre, quem in luto volutatum totius corporis vestigiis invenimus? Permagnum est in eum dicere aliquid qui praeteriens, lectica paulisper deposita, non per praestigias sed palam per potestatem uno imperio ostiatim totum oppidum compilaverit. Ac tamen, ut posset dicere se emisse, Archagatho imperat ut illis aliquid, quorum argentum fuerat, nummulorum dicis causa daret. Invenit Archagathus paucos qui vellent accipere; iis dedit. Eos nummos tamen iste Archagatho non reddidit. Voluit Romae repetere Archagathus; Cn. Lentulus Marcellinus dissuasit, sicut ipsum dicere audistis. Recita ARCHAGATHI ET LENTULI TESTIMONIUM.

(54) Et ne forte hominem existimetis hanc tantam vim emblematum sine causa coacervare voluisse, videte quanti vos, quanti existimationem populi Romani, quanti leges et iudicia, quanti testis Siculos negotiatoresque fecerit. Posteaquam tantam multitudinem collegerat emblematum ut ne unum quidem cuiquam reliquisset, instituit officinam Syracusis in regia maximam. Palam artifices omnis, caelatores ac vascularios, convocari iubet, et ipse suos compluris habebat. Eos concludit, magnam hominum multitudinem. Mensis octo continuos his opus non defuit, cum vas nullum fieret nisi aureum. Tum illa, ex patellis et turibulis quae evellerat, ita scite in aureis poculis inligabat, ita apte in scaphiis aureis includebat, ut ea ad illam rem nata esse diceres; ipse tamen

dienst damit schmälere), so glaube ich, daß das wirkliche Ankläger gewesen sind, die den Diebereien solcher Leute mit ihrer Witterung oder mit Hilfe einer leicht vertieften Spur nachgingen. Denn was tun *wir* schon im Falle des Verres, der sich im Schlamm gewälzt hat und den wir an den Spuren seines ganzen Körpers[79] entdeckten? Es ist ja auch eine große Leistung, gegen den etwas zu sagen, der im Vorbeigehen, während er für einen kurzen Aufenthalt seine Sänfte hat absetzen lassen, nicht durch Winkelzüge, sondern öffentlich kraft seiner Amtsgewalt, mit einem einzigen Machtwort eine ganze Stadt Haus für Haus ausgeplündert hat! Um aber dennoch behaupten zu können, er habe die Dinge gekauft, befiehlt er dem Archagathos, denjenigen, denen das Silber gehört hatte, zum Schein etwas Geld zu geben. Archagathos fand nur wenige, die es annehmen wollten; denen gab er es. Diesen Geldbetrag hat Verres freilich dem Archagathos nicht wieder erstattet. Archagathos wollte ihn in Rom einklagen; Cn. Lentulus Marcellinus[80] riet davon ab, wie ihr ihn selbst habt aussagen hören. Lies die Zeugenaussagen des Archagathos und Lentulus vor.

(54) Und damit ihr nicht etwa glaubt, der Mensch habe diese gewaltige Menge von Reliefs ohne Grund anhäufen wollen, so seht, wie er euch, wie er die Meinung des römischen Volkes, wie er die Gesetze und die Gerichte, wie er die Sizilier und die Kaufleute als Zeugen eingeschätzt hat. Nachdem er eine so große Menge von Reliefs gesammelt hatte, daß er niemandem auch nur ein Stück beließ, richtete er im Königspalast zu Syrakus eine riesige Werkstatt ein. Öffentlich läßt er alle Künstler, Ziseleure und Gefäßbildner, zusammenrufen; er hatte auch selbst mehrere eigene.[81] Die Handwerker schließt er ein, eine große Menge von Leuten. Acht Monate lang ohne Unterbrechung fehlte es ihnen nicht an Arbeit, obwohl nur goldene Gefäße angefertigt wurden. Da ließ er die Teile, die er von den Schüsseln und Weihrauchgefäßen abgerissen hatte, so geschickt an den goldenen Bechern befestigen, so passend in die goldenen Trinkgefäße einfügen, daß man meinen konnte, sie seien von vornherein dafür

praetor, qui sua vigilantia pacem in Sicilia dicit fuisse, in hac officina maiorem partem diei cum tunica pulla sedere solebat et pallio.

25 (55) Haec ego, iudices, non auderem proferre, ni vererer ne forte plura de isto ab aliis in sermone quam a me in iudicio vos audisse diceretis. Quis enim est qui de hac officina, qui de vasis aureis, qui de istius pallio non audierit? Quem voles e conventu Syracusano virum bonum nominato; producam; nemo erit quin hoc se audisse aut vidisse dicat. (56) O tempora, o mores! Nihil nimium vetus proferam. Sunt vestrum aliquam multi qui L. Pisonem cognorint, huius L. Pisonis, qui praetor fuit, patrem. Ei cum esset in Hispania praetor, qua in provincia occisus est, nescio quo pacto, dum armis exercetur, anulus aureus quem habebat fractus et comminutus est. Cum vellet sibi anulum facere, aurificem iussit vocari in forum ad sellam Cordubae et palam appendit aurum; hominem in foro iubet sellam ponere et facere anulum omnibus praesentibus. Nimium fortasse dicet aliquis hunc diligentem; hactenus reprehendet, si qui volet, nihil amplius. Verum fuit ei concedendum; filius enim L. Pisonis erat, eius qui primus de pecuniis repetundis legem tulit. (57) Ridiculum est me nunc de Verre dicere, cum de Pisone Frugi dixerim; verum tamen quantum intersit videte. Iste cum aliquot abacorum faceret vasa aurea, non laboravit quid non modo in Sicilia verum etiam Romae in iudicio audiret: ille in auri semuncia totam Hispaniam scire voluit unde praetori anulus

bestimmt gewesen. Der Prätor selbst freilich, der sagt, durch seine Wachsamkeit habe in Sizilien Frieden geherrscht, pflegte den größten Teil des Tages in dieser Werkstatt zu sitzen, mit einer dunklen Tunika und einem griechischen Überwurf angetan.[82]

25 (55) Dies würde ich gar nicht vorzubringen wagen, ihr Richter, wenn ich nicht fürchtete, ihr könntet vielleicht sagen, ihr hättet über Verres mehr von anderen im Gespräch als von mir vor Gericht gehört. Denn wen gibt es, der nicht von dieser Werkstatt, von den goldenen Gefäßen, von dem Überwurf des Verres gehört hätte? Nenne mir, wen du willst, aus der Vereinigung römischer Bürger in Syrakus, irgendeinen ordentlichen Mann: ich will ihn vorführen; niemand wird erklären, er habe davon nichts gehört oder gesehen. (56) Was für Zeiten, was für Sitten! Ich will nichts vorbringen, was allzu weit zurückliegt. Es gibt unter euch ziemlich viele, die noch den L. Piso gekannt haben, den Vater unseres L. Piso, des ehemaligen Prätors. Als er Prätor in der Provinz Spanien war, wo er auch den Tod fand, da wurde ihm, ich weiß nicht wie, während man mit den Waffen übte, der goldene Ring, den er trug, zerbrochen und zersplittert. Weil er sich einen neuen Ring machen lassen wollte, berief er einen Goldschmied auf den Markt von Corduba vor seinen Amtsstuhl und wog ihm öffentlich das Gold zu. Er befiehlt dem Manne, seinen Stuhl auf dem Marktplatz aufzustellen und den Ring vor aller Augen anzufertigen. Vielleicht wird man ihn als allzu gewissenhaft bezeichnen; insoweit mag man ihn tadeln, wenn man will, doch weiter nicht. Vielmehr muß man nachsichtig mit ihm sein; denn er war der Sohn des L. Piso, des Mannes, der zuerst ein Gesetz über Erpressungen eingebracht hat.[83] (57) Es ist lächerlich, daß ich jetzt über Verres rede, nachdem ich über Piso Frugi geredet habe. Allerdings, beachtet, wie groß der Unterschied ist. Als Verres für einige Prunktische goldene Gefäße herstellen ließ, kümmerte es ihn gar nicht, was er nicht nur in Sizilien, sondern auch in Rom vor Gericht zu hören bekommen würde; doch Piso wünschte bei einer halben Unze Goldes, daß ganz Spanien

fieret. Nimirum ut hic nomen suum comprobavit, sic ille cognomen.

26 Nullo modo possum omnia istius facta aut memoria consequi aut oratione complecti: genera ipsa cupio breviter attingere, ut hic modo me commonuit Pisonis anulus quod totum effluxerat. Quam multis istum putatis hominibus honestis de digitis anulos aureos abstulisse? Numquam dubitavit, quotienscumque alicuius aut gemma aut anulo delectatus est. Incredibile dicam, sed ita clarum ut ipsum negaturum non arbitrer. (58) Cum Valentio, eius interpreti, epistula Agrigento adlata esset, casu signum iste animadvertit in cretula. Placuit ei; quaesivit unde esset epistula; respondit Agrigento. Iste litteras ad quos solebat misit, ut is anulus ad se primo quoque tempore adferretur. Ita litteris istius patri familias, L. Titio, civi Romano, anulus de digito detractus est.

Illa vero eius cupiditas incredibilis est. Nam ut in singula conclavia, quae iste non modo Romae sed in omnibus villis habet, tricenos lectos optime stratos cum ceteris ornamentis convivi quaereret, nimium multa comparare videretur; nulla domus in Sicilia locuples fuit ubi iste non textrinum instituerit. (59) Mulier est Segestana perdives et nobilis, Lamia nomine, per triennium isti plena domo telarum stragulam vestem confecit, nihil nisi conchylio tinctum, Attalus, homo pecuniosus, Neti, Lyso Lilybaei, Critolaus Aetnae, Syracusis Aeschrio, Cleomenes, Theomnastus, Helori Archonidas, – dies me citius defecerit quam nomina. 'Ipse dabat purpuram,

wisse, woraus für den Prätor ein Ring gemacht werde. Freilich, Verres hat seinen Namen bestätigt, und ebenso Piso seinen Beinamen.[84]

26 Keinesfalls kann ich mich auf alle Untaten des Verres besinnen oder sie in meinem Vortrag vollständig darstellen. Ich will nur kurz darauf eingehen, um welche Arten von Verbrechen es sich gehandelt hat, so wie mich eben der Ring des Piso an etwas erinnert hat, was mir ganz entfallen war. Wie vielen achtbaren Menschen, glaubt ihr, hat er wohl den goldenen Ring vom Finger gezogen? Niemals hatte er Hemmungen, sooft er bei jemandem an einem geschnittenen Edelstein oder Ring Gefallen fand. Unglaublich ist, was ich berichten will, aber doch so bekannt, daß er selbst, glaube ich, es nicht bestreiten wird. (58) Als seinem Dolmetscher Volcatius ein Brief aus Agrigent zugestellt wurde, bemerkte er zufällig das Siegel auf dem Siegellack. Es gefiel ihm; er fragte, woher der Brief sei. Die Antwort lautete: aus Agrigent. Verres schickte einen Brief an die Leute, an die er sich zu wenden pflegte: man solle den Ring bei der ersten besten Gelegenheit zu ihm bringen. So wurde auf sein Schreiben hin dem Familienvater L. Titius, einem römischen Bürger, der Ring vom Finger gezogen.

Doch auch das folgende Beispiel für seine Habgier ist unglaublich. Denn angenommen, er hätte sich für jedes Speisezimmer, das er nicht nur in Rom, sondern auch in allen Landhäusern hat, dreißig aufs beste gepolsterte Sofas mit den übrigen Requisiten für ein Gastmahl beschafft, dann würde man doch wohl glauben, er habe sich zu viel besorgt. Es gab aber in Sizilien kein wohlhabendes Haus, wo er nicht eine Webstube eingerichtet hätte. (59) In Segesta[85] gibt es eine sehr reiche und angesehene Frau mit Namen Lamia. Sie stellte drei Jahre lang in ihrem mit Stoffen angefüllten Haus Sofadecken für ihn her, alles mit Purpur gefärbt; ebenso Attalos, ein reicher Mann in Netum[86], Lyson in Lilybaeum, Kritolaos in Ätna[87], in Syrakus Aeschrion, Kleomenes und Theomnastos, in Heloros[88] Archonidas. Die Zeit würde mir schneller ausgehen als die Namen. »Er selbst stellte den Pur-

tantum operam amici.' Credo; iam enim non libet omnia criminari; quasi vero hoc mihi non satis sit ad crimen, habuisse tam multum quod daret, voluisse deportare tam multa, hoc denique, quod concedit, amicorum operis esse in huiusce modi rebus usum. (60) Iam vero lectos aeratos et candelabra aenea num cui praeter istum Syracusis per triennium facta esse existimatis? 'Emebat.' Credo; sed tantum vos certiores, iudices, facio quid iste in provincia praetor egerit, ne cui forte neglegens nimium fuisse videatur neque se satis, cum potestatem habuerit, instruxisse et ornasse.

27 Venio nunc non iam ad furtum, non ad avaritiam, non ad cupiditatem, sed ad eius modi facinus in quo omnia nefaria contineri mihi atque inesse videantur; in quo di immortales violati, existimatio atque auctoritas nominis populi Romani imminuta, hospitium spoliatum ac proditum, abalienati scelere istius a nobis omnes reges amicissimi, nationesque quae in eorum regno ac dicione sunt. (61) Nam reges Syriae, regis Antiochi filios pueros, scitis Romae nuper fuisse; qui venerant non propter Syriae regnum, nam id sine controversia obtinebant ut a patre et a maioribus acceperant, sed regnum Aegypti ad se et ad Selenen, matrem suam, pertinere arbitrabantur. Ii posteaquam temporibus rei publicae exclusi per senatum agere quae voluerant non potuerunt, in Syriam in regnum patrium profecti sunt. Eorum alter, qui Antiochus vocatur, iter per Siciliam facere voluit, itaque isto praetore venit Syracusas. (62) Hic Verres hereditatem sibi venisse

pur zur Verfügung, die Freunde nur die Arbeitskräfte.« Das glaube ich; denn ich will ihm schon gar nicht mehr alles zum Vorwurf machen – als ob es mir wirklich nicht für einen Vorwurf genügte, daß er so viel gehabt hat, was er liefern konnte, so viel wegschaffen wollte, und schließlich das, was er zugibt, daß er die Arbeitskräfte seiner Freunde für derartige Dinge benutzt hat. (60) Ferner die Bettgestelle mit bronzenen Füßen und die Leuchter aus Erz: sind sie etwa für irgendeinen anderen als für ihn eurer Meinung nach drei Jahre lang in Syrakus angefertigt worden? »Er hat sie gekauft.« Sicherlich; ich will euch ja nur darüber aufklären, ihr Richter, was er als Prätor in der Provinz getrieben hat, damit niemand etwa glaubt, er sei allzu nachlässig gewesen und habe sich, obwohl er die Macht dazu besaß, nicht genügend versorgt und ausgestattet.

27 Ich komme jetzt zu etwas, was schon nicht mehr Diebstahl, nicht mehr Habgier, nicht mehr Begehrlichkeit ist, sondern eine solche Untat, daß in ihr alle nur denkbaren Frevel eingeschlossen und enthalten zu sein scheinen – durch dieses Verbrechen des Verres sind die unsterblichen Götter beleidigt, der Ruf und das Ansehen des Namens des römischen Volkes geschmälert, die Gastfreunde ausgeplündert und verraten und alle mit uns eng befreundeten Könige sowie die Völkerschaften, die in deren Reich als Untertanen leben, von uns abspenstig gemacht worden. (61) Denn die syrischen Könige, die jungen Söhne des Königs Antiochos, sind, wie ihr wißt, neulich in Rom gewesen.[89] Diese waren nicht wegen der syrischen Herrschaft gekommen (denn die hatten sie unbestritten inne, wie sie ihnen vom Vater und von den Vorfahren überkommen war); sie glaubten vielmehr, auch das Königreich Ägypten stehe ihnen und ihrer Mutter Selene zu.[90] Als sie, infolge der politischen Verhältnisse abgewiesen,[91] mit dem Senat nicht über ihre Wünsche verhandeln konnten, reisten sie nach Syrien in ihr väterliches Reich zurück. Der eine von ihnen, der den Namen Antiochos trägt, entschloß sich, seinen Weg über Sizilien zu nehmen. Und so kam er, als Verres dort Prätor war, nach Syrakus. (62) Da

arbitratus est, quod in eius regnum ac manus venerat is quem iste et audierat multa secum praeclara habere et suspicabatur. Mittit homini munera satis large haec ad usum domesticum, olei, vini quod visum est, etiam tritici quod satis esset, de suis decumis. Deinde ipsum regem ad cenam vocavit. Exornat ample magnificeque triclinium; exponit ea, quibus abundabat, plurima et pulcherrima vasa argentea, – nam haec aurea nondum fecerat; omnibus curat rebus instructum et paratum ut sit convivium. Quid multa? rex ita discessit ut et istum copiose ornatum et se honorifice acceptum arbitraretur. Vocat ad cenam deinde ipse praetorem; exponit suas copias omnis, multum argentum, non pauca etiam pocula ex auro, quae, ut mos est regius et maxime in Syria, gemmis erant distincta clarissimis. Erat etiam vas vinarium, ex una gemma pergrandi trulla excavata, manubrio aureo, de qua, credo, satis idoneum satis gravem testem, Q. Minucium, dicere audistis. (63) Iste unum quodque vas in manus sumere, laudare, mirari: rex gaudere praetori populi Romani satis iucundum et gratum illud esse convivium. Posteaquam inde discessum est, cogitare nihil iste aliud, quod ipsa res declaravit, nisi quem ad modum regem ex provincia spoliatum expilatumque dimitteret. Mittit rogatum vasa ea quae pulcherrima apud eum viderat; ait se suis caelatoribus velle ostendere. Rex, qui illum non nosset, sine ulla suspicione libentissime dedit. Mittit etiam trullam gemmeam rogatum; velle se eam diligentius considerare. Ea quoque ei mittitur.

28 (64) Nunc reliquum, iudices, attendite, de quo et vos

glaubte Verres, ihm sei eine Erbschaft zugefallen, weil in sein Reich und in seine Hände *der* Mann gekommen war, der, wie er gehört hatte und wie er vermutete, viele herrliche Dinge bei sich habe. Er schickt ihm recht großzügig Geschenke für den Hausbedarf: Öl, Wein, soviel ihm angemessen schien, auch Weizen zur Genüge von seinem Zehnten. Dann lud er den König selbst zum Essen. Er läßt das Speisezimmer reich und prächtig schmücken. Er stellt zur Schau, was er im Überfluß besaß, sehr viele und sehr schöne silberne Gefäße (denn die goldenen hatte er noch nicht anfertigen lassen); er sorgt dafür, daß das Mahl mit allem wohl versehen und ausgestattet ist. Was soll ich noch viel sagen? Der König ging in der Überzeugung nach Hause, daß Verres mit allem reichlich ausgestattet sei und man ihn selbst ehrenvoll empfangen habe. Darauf lädt er seinerseits den Prätor zum Essen; auch er stellt alle seine Schätze zur Schau, viel Silber, auch nicht wenige Becher aus Gold, die, wie es bei Königen und besonders in Syrien Sitte ist, mit ganz herrlichen Edelsteinen verziert waren. Darunter war auch ein Gerät für den Wein, eine Schöpfkelle mit einem goldenen Stiel, aus einem sehr großen Edelstein herausgearbeitet; ihr habt darüber die Aussage des Q. Minucius gehört, eines, wie ich glaube, genügend zuverlässigen, genügend gewichtigen Zeugen. (63) Verres nahm jedes einzelne Gefäß in die Hand, er lobte, er bewunderte es. Der König freute sich, daß dem Prätor des römischen Volkes das Gastmahl hinreichend angenehm und erfreulich war. Nachdem man auseinandergegangen war, sann Verres nur noch darauf – so machte es der weitere Verlauf selbst deutlich –, wie er den König beraubt und ausgeplündert aus der Provinz ausweisen könne. Er schickt hin und bittet sich die schönsten Gefäße aus, die er bei ihm gesehen hatte; er läßt sagen, er wolle sie seinen Ziseleuren zeigen. Der König, der ihn ja nicht kannte, überließ sie ihm ohne jedes Bedenken mit größter Liebenswürdigkeit. Verres läßt auch um die Schöpfkelle aus Edelstein bitten; er wolle sie genauer betrachten. Auch sie wird ihm überlassen.

28 (64) Achtet jetzt noch auf den Rest der Geschichte, ihr

audistis et populus Romanus non nunc primum audiet et in exteris nationibus usque ad ultimas terras pervagatum est. Candelabrum e gemmis clarissimis opere mirabili perfectum reges ii, quos dico, Romam cum attulissent, ut in Capitolio ponerent, quod nondum perfectum templum offenderant, neque ponere potuerunt neque vulgo ostendere ac proferre voluerunt, ut et magnificentius videretur cum suo tempore in cella Iovis Optimi Maximi poneretur, et clarius cum pulchritudo eius recens ad oculos hominum atque integra perveniret: statuerunt id secum in Syriam reportare ut, cum audissent simulacrum Iovis Optimi Maximi dedicatum, legatos mitterent qui cum ceteris rebus illud quoque eximium ac pulcherrimum donum in Capitolium adferrent. (65) Pervenit res ad istius auris nescio quo modo; nam rex id celatum voluerat, non quo quicquam metueret aut suspicaretur, sed ut ne multi illud ante praeciperent oculis quam populus Romanus. Iste petit a rege et eum pluribus verbis rogat ut id ad se mittat; cupere se dicit inspicere neque se aliis videndi potestatem esse facturum. Antiochus, qui animo et puerili esset et regio, nihil de istius improbitate suspicatus est; imperat suis ut id in praetorium involutum quam occultissime deferrent. Quo posteaquam attulerunt involucrisque reiectis constituerunt, clamare iste coepit dignam rem esse regno Syriae, dignam regio munere, dignam Capitolio. Etenim erat eo splendore qui ex clarissimis et pulcherrimis gemmis esse debebat, ea varietate operum ut ars certare videretur cum copia, ea mag-

Richter; ihr habt davon schon gehört, und das römische Volk wird jetzt nicht zum ersten Mal davon hören, und bei den auswärtigen Völkerschaften hat sich die Kenntnis davon bis zu den entferntesten Ländern verbreitet. Einen Leuchter, der aus den herrlichsten Edelsteinen mit wunderbarer Kunstfertigkeit gearbeitet war, hatten die genannten Könige nach Rom mitgebracht, um ihn im Kapitol aufzustellen. Weil sie den Tempel noch unvollendet vorfanden,[92] konnten sie den Leuchter nicht aufstellen, wollten ihn aber auch nicht allen zeigen und vorführen, damit er um so prächtiger erscheine, wenn er zu gegebener Zeit in der Halle des gnädigen und allmächtigen Jupiter aufgestellt werde, und um so strahlender, wenn seine Schönheit frisch und neu den Leuten in die Augen falle. Sie beschlossen daher, ihn wieder mit sich nach Syrien zu nehmen, um, sobald sie gehört hätten, daß das Bild des gnädigen und allmächtigen Jupiter geweiht sei, Gesandte zu schicken, die nebst anderen Dingen auch dies einzigartige, wunderschöne Geschenk ins Kapitol bringen sollten. (65) Dem Verres kam die Sache, ich weiß nicht wie, zu Ohren. Denn der König hatte sie geheimhalten wollen, nicht etwa weil er etwas befürchtete oder argwöhnte, sondern um zu verhindern, daß viele den Leuchter früher in Augenschein nehmen könnten als das römische Volk. Verres wendet sich an den König und bittet ihn mit außergewöhnlich vielen Worten, er möge den Leuchter zu ihm schicken; er wolle ihn, sagt er, sich anschauen und werde anderen nicht die Möglichkeit geben, ihn zu sehen. Antiochos, von noch ebenso kindlicher wie königlicher Sinnesart, ahnte nichts von der Skrupellosigkeit des Verres; er befiehlt seinen Dienern, den Leuchter eingewickelt möglichst heimlich zum Amtssitz des Prätors zu bringen. Nachdem sie ihn dorthin gebracht und nach Entfernung der Hüllen aufgestellt hatten, brach Verres in den Ruf aus: das sei ein Gegenstand, würdig des syrischen Königreiches, würdig eines königlichen Geschenkes, würdig des Kapitols. Denn er zeichnete sich durch einen Glanz aus, wie er von den strahlenden und schönsten Edelsteinen ausgehen mußte, durch eine Vielfalt der Arbeitstechniken,[93] daß

nitudine ut intellegi posset non ad hominum apparatum sed ad amplissimi templi ornatum esse factum. Cum satis iam perspexisse videretur, tollere incipiunt ut referrent. Iste ait se velle illud etiam atque etiam considerare; nequaquam se esse satiatum; iubet illos discedere et candelabrum relinquere. Sic illi tum inanes ad Antiochum revertuntur.

29 (66) Rex primo nihil metuere, nihil suspicari; dies unus, alter, plures; non referri. Tum mittit, si videatur, ut reddat. Iubet iste posterius ad se reverti. Mirum illi videri; mittit iterum; non redditur. Ipse hominem appellat, rogat ut reddat. Os hominis insignemque impudentiam cognoscite. Quod sciret, quod ex ipso rege audisset in Capitolio esse ponendum, quod Iovi Optimo Maximo, quod populo Romano servari videret, id sibi ut donaret rogare et vehementissime petere coepit. Cum ille se et religione Iovis Capitolini et hominum existimatione impediri diceret, quod multae nationes testes essent illius operis ac muneris, iste homini minari acerrime coepit. Ubi videt eum nihilo magis minis quam precibus permoveri, repente hominem de provincia iubet ante noctem decedere; ait se comperisse ex eius regno piratas ad Siciliam esse venturos. (67) Rex maximo conventu Syracusis in foro, ne quis forte me in crimine obscuro versari atque adfingere aliquid suspicione hominum arbitretur, – in foro,

die Kunst mit dem reichen Material zu wetteifern schien, durch eine Größe, daß man verstehen konnte, er sei nicht für die Einrichtung von Menschen, sondern zum Schmuck des erhabensten Tempels gemacht. Als man glaubte, Verres habe den Leuchter nun zur Genüge betrachtet, schickte man sich an, ihn wegzunehmen, um ihn zurückzutragen. Doch der sagt, er wolle ihn wieder und wieder anschauen; er habe sich noch keineswegs sattgesehen; er befiehlt den Dienern, sich zu entfernen und den Leuchter da zu lassen. So kehren sie nun mit leeren Händen zu Antiochos zurück.

29 (66) Der König war zunächst nicht besorgt, nicht argwöhnisch. Ein Tag, ein zweiter, mehrere verstrichen: keine Rückgabe. Da schickt er jemanden hin: er möge doch bitte den Leuchter zurückgeben. Verres befiehlt, man solle zu einem späteren Zeitpunkt wieder zu ihm kommen. Das kommt dem König seltsam vor; er schickt abermals hin; der Leuchter wird nicht zurückgegeben. Er wendet sich selbst an den Mann, er bittet um Rückgabe. Erkennt die freche Stirn und die einmalige Unverschämtheit dieses Menschen da. Er wußte es, er hatte es vom König selbst gehört, daß der Leuchter auf dem Kapitol aufgestellt werden sollte, er sah, daß er für den gnädigen und allmächtigen Jupiter, daß er für das römische Volk aufbewahrt werde, und doch begann er, zu bitten und ganz nachdrücklich zu verlangen, der König möge ihm den Gegenstand schenken. Als der sagte, daß er sich durch die Ehrfurcht vor dem kapitolinischen Jupiter und durch die Rücksicht auf die öffentliche Meinung daran gehindert fühle, weil viele Völkerschaften Zeugen dieses Kunstwerkes und Geschenkes seien, da begann er, ihm aufs heftigste zu drohen. Als er sieht, daß dieser sich ebensowenig durch Drohungen wie durch Bitten bestimmen läßt, befiehlt er ihm plötzlich, die Provinz vor Einbruch der Nacht zu verlassen; er erklärt, er habe erfahren, daß sich aus seinem Reiche Seeräuber Sizilien näherten. (67) Der König begann vor sehr vielen Menschen auf dem Marktplatz von Syrakus – niemand möge etwa glauben, daß ich mich mit einer unklaren Beschuldigung befasse und auf Grund bloßer Vermutungen

inquam, Syracusis flens ac deos hominesque contestans clamare coepit candelabrum factum e gemmis, quod in Capitolium missurus esset, quod in templo clarissimo populo Romano monumentum suae societatis amicitiaeque esse voluisset, id sibi C. Verrem abstulisse; de ceteris operibus ex auro et gemmis quae sua penes illum essent se non laborare, hoc sibi eripi miserum esse et indignum. Id etsi antea iam mente et cogitatione sua fratrisque sui consecratum esset, tamen tum se in illo conventu civium Romanorum dare donare dicare consecrare Iovi Optimo Maximo, testemque ipsum Iovem suae voluntatis ac religionis adhibere.

30 Quae vox, quae latera, quae vires huius unius criminis querimoniam possunt sustinere? Rex Antiochus, qui Romae ante oculos omnium nostrum biennium fere comitatu regio atque ornatu fuisset, is cum amicus et socius populi Romani esset, amicissimo patre, avo, maioribus, antiquissimis et clarissimis regibus, opulentissimo et maximo regno, praeceps provincia populi Romani exturbatus est. (68) Quem ad modum hoc accepturas nationes exteras, quem ad modum huius tui facti famam in regna aliorum atque in ultimas terras perventuram putasti, cum audirent a praetore populi Romani in provincia violatum regem, spoliatum hospitem, eiectum socium populi Romani atque amicum? Nomen vestrum populique Romani odio atque acerbitati scitote nationibus exteris, iudices, futurum, si istius haec

etwas hinzudichte – auf dem Marktplatz von Syrakus, wiederhole ich, begann er unter Tränen die Götter und Menschen als Zeugen anzurufen und mit lauter Stimme zu klagen, den aus Edelsteinen gearbeiteten Leuchter, den er habe ins Kapitol schicken wollen, der nach seinem Wunsch in dem berühmtesten Tempel stehen und für das römische Volk als Denkmal seiner Bündnistreue und Freundschaft bestimmt sei, eben den habe C. Verres ihm weggenommen; an den übrigen Kunstwerken aus Gold und Edelsteinen, die ihm gehörten und bei Verres seien, sei ihm nicht so viel gelegen; doch daß man ihm diesen Leuchter entreiße, sei abscheulich und empörend. Wenn auch er und sein Bruder ihn schon seinerzeit in ihrer Vorstellung und Überlegung als Votivgabe vorgesehen hätten, so wolle er ihn dennoch jetzt vor den hier versammelten römischen Bürgern dem gnädigen und allmächtigen Jupiter geben, schenken, widmen und weihen, und er ziehe Jupiter selbst zum Zeugen seiner gottesfürchtigen Gesinnung hinzu.

30 Welche Stimme, welche Lunge, welche Kräfte reichen hin, die Klage über dieses eine Verbrechen angemessen vorzubringen? König Antiochos, der sich fast zwei Jahre mit königlichem Gefolge und königlicher Prachtentfaltung vor unser aller Augen in Rom aufgehalten hatte, der Freund und Bundesgenosse des römischen Volkes, der Sohn, Enkel und Nachkomme eng mit uns befreundeter Männer, der Sproß eines sehr alten und berühmten Königshauses, der Erbe eines reichen und großen Reiches, wurde Hals über Kopf aus einer Provinz des römischen Volkes verjagt. (68) Wie, glaubtest du wohl, würden die auswärtigen Völker dies aufnehmen, wie sich die Kunde von dieser deiner Untat in den anderen Königreichen und in den entferntesten Ländern verbreiten, wenn man hörte, daß ein Prätor des römischen Volkes in seiner Provinz einen König beleidigt, einen Gastfreund beraubt, einen Bundesgenossen und Freund des römischen Volkes verjagt hat? Euer und des römischen Volkes Namen, das solltet ihr wissen, wird den auswärtigen Völkerschaften verhaßt und ekelerregend sein, wenn dieses

tanta iniuria impunita discesserit. Sic omnes arbitrabuntur, praesertim cum haec fama de nostrorum hominum avaritia et cupiditate percrebruerit, non istius solius hoc esse facinus, sed eorum etiam qui adprobarint. Multi reges, multae liberae civitates, multi privati opulenti ac potentes habent profecto in animo Capitolium sic ornare ut templi dignitas imperique nostri nomen desiderat; qui si intellexerint interverso hoc regali dono graviter vos tulisse, grata fore vobis populoque Romano sua studia ac dona arbitrabuntur; sin hoc vos in rege tam nobili, re tam eximia, iniuria tam acerba neglexisse audient, non erunt tam amentes ut operam curam pecuniam impendant in eas res quas vobis gratas fore non arbitrentur.

31 (69) Hoc loco, Q. Catule, te appello; loquor enim de tuo clarissimo pulcherrimoque monumento. Non iudicis solum severitatem in hoc crimine, sed prope inimici atque accusatoris vim suscipere debes. Tuus enim honos illo templo senatus populique Romani beneficio, tui nominis aeterna memoria simul cum templo illo consecratur; tibi haec cura suscipienda, tibi haec opera sumenda est, ut Capitolium, quem ad modum magnificentius est restitutum, sic copiosius ornatum sit quam fuit, ut illa flamma divinitus exstitisse videatur, non quae deleret Iovis Optimi Maximi templum, sed quae praeclarius magnificentiusque desposceret. (70) Audisti Q. Minucium dicere domi suae deversatum esse Antiochum regem Syracusis; se illud scire ad istum esse delatum, se scire non redditum; audisti et audies homines e conventu Syracusano

schwere Unrecht des Verres ungesühnt bleibt und er davonkommt. Dann werden alle die Auffassung vertreten, zumal sich ja die Kunde von der Habsucht und Begehrlichkeit unserer Leute ausgebreitet hat, daß dies nicht allein die Tat von Verres sei, sondern auch derjenigen, die sie gebilligt hätten. Viele Könige, viele freie Gemeinden, viele wohlhabende und einflußreiche Privatpersonen haben sicherlich im Sinn, das Kapitol so auszuschmücken, wie es die Würde des Tempels und der Name unserer Herrschaft verlangen. Wenn sie merken, daß ihr die Unterschlagung des königlichen Geschenkes übel aufgenommen habt, werden sie glauben, daß ihr guter Wille und ihre Geschenke euch und dem römischen Volke willkommen seien; wenn sie aber hören, daß ihr bei einem so angesehenen König, einem so hervorragenden Werk, einem so bitteren Unrecht nichts unternommen habt, dann werden sie nicht so verrückt sein, Mühe, Sorge und Geld für Dinge aufzuwenden, die euch, wie sie glauben müssen, gar nicht willkommen sind.

31 (69) An dieser Stelle wende ich mich an dich, Q. Catulus; denn ich spreche von deinem so berühmten und wunderschönen Bauwerk. Bei diesem Verbrechen mußt du nicht nur die Strenge eines Richters, sondern fast die Schärfe eines feindseligen Anklägers zeigen. Denn durch die Gefälligkeit des Senates und des römischen Volkes ist deine Ehre mit diesem Tempel verbunden, wird deines Namens ewiges Andenken zugleich mit diesem Tempel geweiht;[94] du mußt diese Sorge auf dich nehmen, du mußt dir diese Mühe aufbürden, daß das Kapitol, wie es prächtiger wiederhergestellt ist, so auch reicher ausgeschmückt werde, als es je war, so daß man meint, der Brand sei durch göttliche Fügung entstanden, nicht um den Tempel des gnädigen und allmächtigen Jupiter zu zerstören, sondern um einen herrlicheren und prächtigeren zu verlangen. (70) Du hast den Q. Minucius aussagen hören, König Antiochos sei in seinem Hause zu Syrakus abgestiegen, er wisse, daß der Leuchter zu Verres gebracht, er wisse, daß er nicht zurückgebracht worden sei; du hast sie gehört und wirst sie hören, die Leute aus der Vereinigung in

qui ita dicant, sese audientibus illud Iovi Optimo Maximo dicatum esse ab rege Antiocho et consecratum. Si iudex non esses et haec ad te delata res esset, te potissimum hoc persequi, te petere, te agere oporteret. Quare non dubito quo animo iudex huius criminis esse debeas, qui apud alium iudicem multo acrior quam ego sum actor accusatorque esse deberes.

32 (71) Vobis autem, iudices, quid hoc indignius aut quid minus ferendum videri potest? Verresne habebit domi suae candelabrum Iovis e gemmis auroque perfectum? cuius fulgore conlucere atque inlustrari Iovis Optimi Maximi templum oportebat, id apud istum in eius modi conviviis constituetur, quae domesticis stupris flagitiisque flagrabunt? in istius lenonis turpissimi domo simul cum ceteris Chelidonis hereditariis ornamentis Capitoli ornamenta ponentur? Quid huic sacri umquam fore aut quid religiosi fuisse putatis qui nunc tanto scelere se obstrictum esse non sentiat, qui in iudicium veniat ubi ne precari quidem Iovem Optimum Maximum atque ab eo auxilium petere more omnium possit? a quo etiam di immortales sua repetunt in eo iudicio quod hominibus ad suas res repetendas est constitutum. Miramur Athenis Minervam, Deli Apollinem, Iunonem Sami, Pergae Dianam, multos praeterea ab isto deos tota Asia Graeciaque violatos, qui a Capitolio manus abstinere non potuerit? Quod privati homines de suis pecuniis ornant ornaturique sunt, id C. Verres ab regibus ornari non passus est.

(72) Itaque hoc nefario scelere concepto nihil postea tota in

Syrakus,[95] die erklärten, König Antiochos habe den Leuchter in ihrer Gegenwart dem gnädigen und allmächtigen Jupiter gewidmet und geweiht. Wenn du nicht Richter wärest und man dir diese Sache vorlegte, dann müßtest gerade du sie verfolgen, sie vor Gericht bringen, sie betreiben. Deshalb zweifle ich nicht, mit welchen Gefühlen du als Richter über diesen Frevel urteilen mußt, da du vor einem anderen Richter als Anwalt und Ankläger noch viel schärfer sein müßtest als ich.

32 (71) Euch aber, ihr Richter, was kann euch empörender oder was unerträglicher erscheinen als dies? Verres soll in seinem Hause den Leuchter des Jupiter haben, ein aus Edelsteinen und Gold gearbeitetes Werk? Von seinem Leuchten sollte der Tempel des gnädigen und allmächtigen Jupiter erglänzen und erstrahlen – und dieser Leuchter soll bei Verres bei Gelagen aufgestellt werden, bei denen die Glut häuslicher Unzucht und schandbarer Leidenschaft lodert? In dem Haus dieses schändlichen Kupplers soll zugleich mit den übrigen von Chelidon[96] geerbten Schmuckgegenständen der Schmuck des Kapitols aufgestellt werden? Was, glaubt ihr, wird diesem Menschen jemals heilig sein oder was ist ihm jemals ehrwürdig gewesen, der jetzt kein Gefühl dafür hat, daß er in ein schlimmes Verbrechen verstrickt ist, der vor Gericht erscheint, wo er nicht einmal, wie allgemein üblich, zum gnädigen und allmächtigen Jupiter beten und Hilfe von ihm erflehen kann? Von dem auch die unsterblichen Götter ihr Eigentum zurückverlangen, und zwar vor dem Gericht, das für die Menschen eingerichtet ist zu dem Zweck, daß sie die ihnen gehörenden Dinge zurückfordern können.[97] Wundern wir uns da noch, daß er in Athen Minerva, auf Delos Apoll, Juno auf Samos, in Perge Diana und noch viele andere Götter in ganz Asien und Griechenland beleidigt hat,[98] er, der seine Hände nicht vom Kapitol hat fernhalten können? Den Tempel, den Privatleute von ihrem Geld ausstatten und ausstatten werden, den durften Könige nicht ausstatten, weil C. Verres es nicht zuließ.

(72) Daher hielt er, nachdem er dies frevelhafte Verbrechen

Sicilia neque sacri neque religiosi duxit esse; ita sese in ea provincia per triennium gessit ut ab isto non solum hominibus verum etiam dis immortalibus bellum indictum putaretur. **33** Segesta est oppidum pervetus in Sicilia, iudices, quod ab Aenea fugiente a Troia atque in haec loca veniente conditum esse demonstrant. Itaque Segestani non solum perpetua societate atque amicitia, verum etiam cognatione se cum populo Romano coniunctos esse arbitrantur. Hoc quondam oppidum, cum illa civitas cum Poenis suo nomine ac sua sponte bellaret, a Carthaginiensibus vi captum atque deletum est, omniaque quae ornamento urbi esse possent Carthaginem sunt ex illo loco deportata. Fuit apud Segestanos ex aere Dianae simulacrum, cum summa atque antiquissima praeditum religione tum singulari opere artificioque perfectum. Hoc translatum Carthaginem locum tantum hominesque mutarat, religionem quidem pristinam conservabat; nam propter eximiam pulchritudinem etiam hostibus digna quam sanctissime colerent videbatur. (73) Aliquot saeculis post P. Scipio bello Punico tertio Carthaginem cepit; qua in victoria, – videte hominis virtutem et diligentiam, ut et domesticis praeclarissimae virtutis exemplis gaudeatis et eo maiore odio dignam istius incredibilem audaciam iudicetis, – convocatis Siculis omnibus, quod diutissime saepissimeque Siciliam vexatam a Carthaginiensibus esse cognorat, iubet omnia conquiri; pollicetur sibi magnae curae fore ut omnia civitatibus, quae cuiusque fuissent, restituerentur. Tum illa quae quondam erant Himera sublata, de quibus antea dixi, Thermitanis sunt reddita, tum alia Gelensibus, alia Agrigentinis,

begangen hatte, künftig in ganz Sizilien nichts mehr für heilig und verehrungswürdig; er benahm sich in dieser Provinz drei Jahre lang so, daß man annehmen mußte, er habe nicht nur den Menschen, sondern auch den unsterblichen Göttern den Krieg erklärt. **33** Segesta ist eine sehr alte Stadt in Sizilien, ihr Richter; Aeneas habe sie, als er auf der Flucht aus Troja in diese Gegend kam, gegründet, sagt man. Daher glauben die Segestaner, nicht nur durch ein beständiges Bündnis und durch Freundschaft, sondern auch durch Verwandtschaft mit dem römischen Volk verbunden zu sein.[99] Diese Stadt wurde einst, als die Bürger auf eigene Faust und aus eigenem Entschluß mit den Puniern Krieg führten, von den Karthagern gewaltsam eingenommen und zerstört, und alles, was einer Stadt zum Schmuck dienen konnte, brachte man von dort nach Karthago. In Segesta gab es ein ehernes Bildnis der Diana, das seit ältester Zeit die höchste religiöse Verehrung genoß und dazu noch mit einzigartiger Kunst und Geschicklichkeit gearbeitet war. Dieses Bildnis, nach Karthago gebracht, wechselte nur den Ort und die Menschen, bewahrte aber seine frühere religiöse Kraft. Denn wegen ihrer außerordentlichen Schönheit schien die Diana auch den Feinden der höchsten Verehrung würdig. (73) Einige Jahrhunderte später hat P. Scipio im Dritten Punischen Krieg[100] Karthago eingenommen. Nach seinem Sieg – erkennt die anständige Haltung und die Gewissenhaftigkeit dieses Mannes, damit ihr euch über unsere Beispiele glänzendster Redlichkeit freuen könnt sowie die unglaubliche Frechheit des Verres für um so verabscheuenswürdiger haltet – rief Scipio alle Sizilier zu sich; weil er wußte, daß die Karthager Sizilien sehr lange und sehr oft heimgesucht hatten, fordert er sie auf, alles aufzuspüren; er verspricht, er werde sich angelegentlich darum kümmern, daß jeder Gemeinde ihr gesamtes früheres Eigentum zurückerstattet werde. Damals wurden die Dinge, die einst aus Himera entführt worden waren und über die ich schon früher gesprochen habe,[101] den Thermitanern zurückgegeben, andere den Bewohnern von Gela[102], andere denen von Agrigent, darunter auch der berüchtigte

in quibus etiam ille nobilis taurus, quem crudelissimus omnium tyrannorum Phalaris habuisse dicitur, quo vivos supplici causa demittere homines et subicere flammam solebat. Quem taurum cum Scipio redderet Agrigentinis, dixisse dicitur aequum esse illos cogitare utrum esset Agrigentinis utilius, suisne servire anne populo Romano obtemperare, cum idem monumentum et domesticae crudelitatis et nostrae mansuetudinis haberent.

34 (74) Illo tempore Segestanis maxima cum cura haec ipsa Diana, de qua dicimus, redditur; reportatur Segestam; in suis antiquis sedibus summa cum gratulatione civium et laetitia reponitur. Haec erat posita Segestae sane excelsa in basi, in qua grandibus litteris P. Africani nomen erat incisum eumque Carthagine capta restituisse perscriptum. Colebatur a civibus, ab omnibus advenis visebatur; cum quaestor essem, nihil mihi ab illis est demonstratum prius. Erat admodum amplum et excelsum signum cum stola; verum tamen inerat in illa magnitudine aetas atque habitus virginalis; sagittae pendebant ab umero, sinistra manu retinebat arcum, dextra ardentem facem praeferebat. (75) Hanc cum iste sacrorum omnium et religionum hostis praedoque vidisset, quasi illa ipsa face percussus esset, ita flagrare cupiditate atque amentia coepit; imperat magistratibus ut eam demoliantur et sibi dent; nihil sibi gratius ostendit futurum. Illi vero dicere sibi id nefas esse, seseque cum summa religione tum summo metu legum et iudiciorum teneri. Iste tum petere ab illis, tum minari, tum spem, tum metum ostendere. Opponebant illi

Stier, den Phalaris[103], der grausamste aller Tyrannen, besessen haben soll und in den er zur Strafe lebende Menschen hinabsteigen zu lassen und Feuer darunter anzulegen pflegte. Als Scipio den Agrigentinern diesen Stier zurückgab, soll er gesagt haben: es sei nur billig, daß sie darüber nachdächten, was vorteilhafter für sie sei, Sklaven der eigenen Leute zu sein oder dem römischen Volke zu gehorchen, da sie in dem gleichen Gegenstande ein Wahrzeichen der Grausamkeit im eigenen Lande und unserer Milde hätten.

34 (74) Zu der damaligen Zeit wird auch den Segestanern mit größter Bemühung eben diese Diana, über die wir hier sprechen, zurückgegeben; man schafft sie nach Segesta zurück, man stellt sie zur größten Freude und unter dem Jubel der Bürger an ihrem alten Standort auf. Sie stand nun in Segesta auf einem sehr hohen Sockel, auf dem mit großen Buchstaben der Name des P. Africanus eingemeißelt war und geschrieben stand, daß er sie nach der Einnahme von Karthago zurückgebracht habe. Sie wurde von den Einheimischen verehrt, von allen Fremden besucht. Als ich Quaestor war,[104] war sie das erste, was man mir zeigte. Es war ein ziemlich großes und erhabenes Standbild mit einem lang herabwallenden Gewande. Doch trotz ihrer Größe wirkte sie ihrem Alter nach und in ihrer Haltung wie ein junges Mädchen. Die Pfeile hingen von der Schulter herab, in der linken Hand hielt sie den Bogen, mit der rechten streckte sie eine brennende Fackel nach vorn. (75) Als Verres, der Feind und Räuber aller heiligen Gegenstände und Kulte, sie sah, entbrannte er, wie wenn er von eben jener Fackel getroffen wäre, in irrsinniger Gier; er befiehlt den Beamten, die Statue herunterzunehmen und ihm zu geben; er gibt ihnen zu verstehen, es gebe nichts, was ihm erwünschter sei. Die aber erklärten, das sei für sie ein religiöser Frevel, und sie fühlten sich durch die größten Gewissensskrupel sowie durch die Furcht vor den Gesetzen und den Gerichten daran gehindert. Verres richtete bald Bitten an sie, bald drohte er ihnen, bald suchte er Hoffnung, bald Furcht in ihnen zu wecken. Sie aber machten öfter den Namen des P. Africanus dagegen gel-

nomen interdum P. Africani; populi Romani illud esse dicebant; nihil se in eo potestatis habere quod imperator clarissimus urbe hostium capta monumentum victoriae populi Romani esse voluisset. (76) Cum iste nihilo remissius atque etiam multo vehementius instaret cotidie, res agitur in senatu: vehementer ab omnibus reclamatur. Itaque illo tempore ac primo istius adventu pernegatur. Postea, quidquid erat oneris in nautis remigibusque exigendis, in frumento imperando, Segestanis praeter ceteros imponebat, aliquanto amplius quam ferre possent. Praeterea magistratus eorum evocabat, optimum quemque et nobilissimum ad se arcessebat, circum omnia provinciae fora rapiebat, singillatim uni cuique calamitati fore se denuntiabat, universis se funditus eversurum esse illam civitatem minabatur. Itaque aliquando multis malis magnoque metu victi Segestani praetoris imperio parendum esse decreverunt. Magno cum luctu et gemitu totius civitatis, multis cum lacrimis et lamentationibus virorum mulierumque omnium simulacrum Dianae tollendum locatur.

35 (77) Videte quanta religio fuerit apud Segestanos. Repertum esse, iudices, scitote neminem, neque liberum neque servum, neque civem neque peregrinum, qui illud signum auderet attingere; barbaros quosdam Lilybaeo scitote adductos esse operarios; ii denique illud ignari totius negoti ac religionis mercede accepta sustulerunt. Quod cum ex oppido exportabatur, quem conventum mulierum factum esse arbitramini, quem fletum maiorum natu? quorum non nulli etiam illum diem memoria tenebant cum illa eadem Diana Segestam Carthagine revecta victoriam populi Romani reditu suo nuntiasset. Quam dissimilis hic dies illi tempori

tend, sie sagten, dem römischen Volke gehöre die Statue; sie hätten keine Verfügungsgewalt über einen Gegenstand, der nach dem Willen des berühmtesten Feldherrn nach der Einnahme der feindlichen Stadt ein Erinnerungszeichen an den Sieg des römischen Volkes sein sollte. (76) Da Verres nicht im mindesten davon abließ, ja sogar täglich noch viel heftiger in sie drang, verhandelt man im Gemeinderat darüber. Alle erheben heftigen Widerspruch. So weist man ihn damals bei seinem ersten Aufenthalt entschieden ab. Daraufhin legte er den Segestanern mehr als den anderen jede Art von Belastungen auf, bei der Anforderung von Seeleuten und Ruderern, bei der Anweisung, Getreide zu liefern, und forderte beträchtlich mehr, als sie tragen konnten. Außerdem lud er ihre Beamten vor, ließ alle bedeutenden und angesehenen Leute zu sich kommen, schleppte sie von Gerichtsstätte zu Gerichtsstätte in der Provinz,[105] kündete jedem einzeln an, er werde ihn ins Unglück stürzen, allen drohte er, er werde ihre Stadt von Grund auf vernichten. Und so beschlossen die Segestaner schließlich, durch die vielen Schikanen und durch den starken Druck bezwungen, sich dem Befehl des Prätors zu fügen. Unter großem Jammern und Seufzen aller Bürger, unter vielen Tränen und Klagen aller Männer und Frauen schreibt man die Entfernung des Diana-Bildnisses aus.

35 (77) Seht, wie stark die Religiosität bei den Segestanern war. Ihr müßt nämlich wissen, ihr Richter: es fand sich niemand, weder ein Freier noch ein Sklave, weder ein Bürger noch ein Fremder, der das Standbild zu berühren gewagt hätte. Aus Lilybaeum hat man, müßt ihr wissen, einige ausländische Arbeiter geholt.[106] Erst diese – sie wußten ja nicht um die ganze Sache und hatten keine religiösen Bedenken – entfernten das Standbild nach Erhalt des Lohnes. Als es aus der Stadt geschafft wurde, welchen Auflauf der Frauen, glaubt ihr, hat es da gegeben, welch Wehklagen der älteren Leute? Einige von ihnen erinnerten sich noch an jenen Tag, an dem eben diese Diana von Karthago nach Segesta zurückgebracht worden war und durch ihre Heimkehr den Sieg des römischen Volkes verkündet hatte. Wie ungleich erschien der

videbatur! Tum imperator populi Romani, vir clarissimus, deos patrios reportabat Segestanis ex urbe hostium recuperatos: nunc ex urbe sociorum praetor eiusdem populi turpissimus atque impurissimus eosdem illos deos nefario scelere auferebat. Quid hoc tota Sicilia est clarius, quam omnis Segestae matronas et virgines convenisse cum Diana exportaretur ex oppido, unxisse unguentis, complesse coronis et floribus, ture, odoribus incensis usque ad agri finis prosecutas esse? (78) Hanc tu tantam religionem si tum in imperio propter cupiditatem atque audaciam non pertimescebas ne nunc quidem in tanto tuo liberorumque tuorum periculo perhorrescis? Quem tibi aut hominem invitis dis immortalibus aut vero deum tantis eorum religionibus violatis auxilio futurum putas? Tibi illa Diana in pace atque in otio religionem nullam attulit? quae cum duas urbis in quibus locata fuerat captas incensasque vidisset, bis ex duorum bellorum flamma ferroque servata est; quae Carthaginiensium victoria loco mutato religionem tamen non amisit, P. Africani virtute religionem simul cum loco recuperavit. Quo quidem scelere suscepto cum inanis esset basis et in ea P. Africani nomen incisum, res indigna atque intoleranda videbatur omnibus non solum religiones esse violatas, verum etiam P. Africani, viri fortissimi, rerum gestarum gloriam, memoriam virtutis, monumenta victoriae C. Verrem sustulisse. (79) Quod cum isti renuntiaretur de basi ac litteris, existimavit homines in oblivionem totius negoti esse venturos si etiam basim tamquam

gegenwärtige Tag gegenüber der vergangenen Zeit! Damals brachte der berühmteste Feldherr des römischen Volkes den Segestanern die heimischen, aus der Stadt der Feinde wiedergewonnenen Götter zurück; jetzt schaffte der schändlichste und gemeinste Prätor desselben Volkes in frevelhafter Ruchlosigkeit dieselben Götter aus der Stadt der Bundesgenossen fort. Was ist in ganz Sizilien bekannter als die Tatsache, daß alle Frauen und Mädchen von Segesta zusammenströmten, als man die Diana aus der Stadt schaffte, daß sie das Bild mit Salböl bestrichen, mit Blumenkränzen behängten, mit Weihrauch und wohlriechendem Räucherwerk bis an die Grenze des Stadtgebietes begleiteten? (78) Wenn du gegenüber so starken religiösen Gefühlen damals, während deiner Amtszeit, wegen deiner Gier und Skrupellosigkeit nicht in große Furcht gerietest, empfindest du wenigstens jetzt ein Schaudern bei der großen Gefahr, die dir und deinen Kindern droht? Welcher Mensch, glaubst du, wird dir gegen den Willen der unsterblichen Götter helfen, oder gar welcher Gott, da du dich an ihren so bedeutenden Kultbildern vergriffen hast? Dir hat jene Diana in der Zeit des Friedens und der Ruhe keine religiöse Scheu eingeflößt? Sie hat erlebt, daß beide Städte, in denen sie aufgestellt war, erobert wurden und in Flammen aufgingen, und doch wurde sie zweimal, in zwei Kriegen, vor der Vernichtung durch Feuer und Schwert bewahrt; sie änderte nach dem Sieg der Karthager ihren Platz und verlor doch ihre religiöse Kraft nicht; sie gewann durch das Verdienst des P. Africanus zugleich mit dem Platz ihre einstige religiöse Verehrung zurück. Als nach diesem Frevel der Sockel leer war, auf dem der Name des P. Africanus eingemeißelt war, schien es allen empörend und unerträglich, daß nicht nur die religiösen Bindungen verletzt worden seien, sondern daß C. Verres sogar noch den Tatenruhm des heldenhaften P. Africanus, die Erinnerung an seine Leistung, das Wahrzeichen seines Sieges beseitigt habe. (79) Als man ihm von dem Sockel und der Inschrift berichtete, glaubte er, die Menschen würden die ganze Sache vergessen, wenn er auch den Sockel, gleichsam den stummen Zeugen seines Ver-

indicem sui sceleris sustulisset. Itaque tollendam istius imperio locaverunt; quae vobis locatio ex publicis litteris Segestanorum priore actione recitata est.

36 Te nunc, P. Scipio, te, inquam, lectissimum ornatissimumque adulescentem, appello, abs te officium tuum debitum generi et nomini requiro et flagito. Cur pro isto, qui laudem honoremque familiae vestrae depeculatus est, pugnas, cur eum defensum esse vis, cur ego tuas partis suscipio, cur tuum munus sustineo, cur M. Tullius P. Africani monumenta requirit, P. Scipio eum qui illa sustulit defendit? Cum mos a maioribus traditus sit, ut monumenta maiorum ita suorum quisque defendat ut ea ne ornari quidem nomine aliorum sinat, tu isti aderis, qui non obstruxit aliqua ex parte monumento P. Scipionis sed id funditus delevit ac sustulit? (80) Quisnam igitur, per deos immortalis, tuebitur P. Scipionis memoriam mortui, quis monumenta atque indicia virtutis, si tu ea relinquis aut deseris, nec solum spoliata illa pateris sed etiam eorum spoliatorem vexatoremque defendis? Adsunt Segestani, clientes tui, socii populi Romani atque amici; certiorem te faciunt P. Africanum Carthagine deleta simulacrum Dianae maioribus suis restituisse, idque apud Segestanos eius imperatoris nomine positum ac dedicatum fuisse; hoc Verrem demoliendum et asportandum nomenque omnino P. Scipionis delendum tollendumque curasse; orant te atque obsecrant ut sibi religionem, generi tuo laudem gloriamque restituas, ut, quod per P. Africanum ex urbe hostium recuperarint, id per te ex praedonis domo conservare possint.

gehens, beseitige. So schrieb man auf seinen Befehl die Beseitigung des Sockels aus. Der Vertrag über diese Ausschreibung wurde euch aus den amtlichen Urkunden der Segestaner in der ersten Verhandlung vorgelesen.

36 An dich wende ich mich jetzt, P. Scipio[107], ja, an dich, den so trefflichen und angesehenen jungen Mann; von dir erwarte und fordere ich die Erfüllung deiner Pflicht, die du deinem Geschlecht und Namen schuldest. Warum kämpfst *du* für den Mann, der an dem Ruhm und der Ehre eurer Familie zum Räuber geworden ist, warum willst *du* ihn verteidigt wissen, warum muß *ich* deine Rolle übernehmen, warum muß *ich* deine Last tragen, warum muß ein M. Tullius die Erinnerungsstücke des P. Africanus zurückverlangen und verteidigt ein P. Scipio den Mann, der sie entwendet hat? Obwohl die von den Vorfahren überlieferte Sitte vorschreibt, daß jeder die Denkmäler seiner Vorfahren schützt, daß er sie nicht einmal von seiten anderer ausschmücken läßt, willst du dem Mann zur Seite stehen, der nicht etwa ein Denkmal des P. Scipio zu einem Teil zugebaut, sondern von Grund auf zerstört und beseitigt hat? (80) Wer soll denn, bei den unsterblichen Göttern, die Erinnerung an den verstorbenen P. Scipio, wer die Denkmäler und Zeugen seines Verdienstes schützen, wenn du sie vernachlässigst und preisgibst und nicht nur ihren Raub duldest, sondern sogar ihren Räuber und Zerstörer verteidigst? Anwesend sind die Segestaner, deine Schutzbefohlenen,[108] die Bundesgenossen und Freunde des römischen Volkes; sie unterrichten dich davon, daß P. Africanus nach der Zerstörung Karthagos das Bildnis der Diana ihren Vorfahren zurückgegeben hat, daß es bei den Segestanern im Namen dieses Feldherrn aufgestellt und geweiht worden ist, daß Verres es abbauen und wegschaffen und somit den Namen des P. Scipio völlig tilgen und beseitigen ließ; sie bitten und beschwören dich, ihnen das ehrwürdige Kultbild, deinem Geschlecht Ansehen und Ruhm wieder zu verschaffen, damit sie, was sie durch P. Africanus aus der Stadt der Feinde wieder erlangt haben, durch dich aus dem Hause des Räubers retten können.

37 Quid aut tu his respondere honeste potes aut illi facere, nisi ut te ac fidem tuam implorent? Adsunt et implorant. Potes domesticae laudis amplitudinem, Scipio, tueri, potes; omnia sunt in te quae aut fortuna hominibus aut natura largitur; non praecerpo fructum offici tui, non alienam mihi laudem appeto, non est pudoris mei P. Scipione, florentissimo adulescente, vivo et incolumi me propugnatorem monumentorum P. Scipionis defensoremque profiteri. (81) Quam ob rem si suscipis domesticae laudis patrocinium, me non solum silere de vestris monumentis oportebit, sed etiam laetari P. Africani eius modi fortunam esse mortui ut eius honos ab iis qui ex eadem familia sint defendatur, neque ullum adventicium auxilium requiratur. Sin istius amicitia te impedit, si hoc quod ego abs te postulo minus ad officium tuum pertinere arbitrabere, succedam ego vicarius tuo muneri, suscipiam partis quas alienas esse arbitrabar. Deinde ista praeclara nobilitas desinat queri populum Romanum hominibus novis industriis libenter honores mandare semperque mandasse. Non est querendum in hac civitate, quae propter virtutem omnibus nationibus imperat, virtutem plurimum posse. Sit apud alios imago P. Africani, ornentur alii mortui virtute ac nomine; talis ille vir fuit, ita de populo Romano meritus est ut non uni familiae sed universae civitati commendatus esse debeat. Est aliqua mea pars virilis, quod eius civitatis sum quam ille amplam inlustrem claramque reddidit, praecipue quod in his rebus pro mea parte versor quarum ille princeps fuit, aequitate, industria, temperantia,

37 Was kannst du ihnen mit Anstand antworten, oder was können sie tun, als dich und dein Pflichtgefühl anrufen? Sie sind da und flehen dich an. Du kannst den Glanz des Ruhmes deines Hauses erhalten, Scipio, ja, du kannst es; du besitzt alles, was das Glück oder die Natur dem Menschen schenkt; ich nehme dir nicht den Lohn für pflichtgemäßes Handeln weg, ich trachte nicht nach einem Lob für mich, das einem anderen zukommt; es verträgt sich nicht mit meiner Bescheidenheit, solange P. Scipio, ein blühender junger Mann, lebt und gesund ist, mich zum Vorkämpfer und Verteidiger der Denkmäler des P. Scipio aufzuwerfen. (81) Wenn du also die Verteidigung des Ruhmes deines Hauses übernimmst, dann werde ich nicht nur von euren Denkmälern schweigen, sondern mich auch freuen müssen, daß dem verstorbenen P. Africanus ein solches Glück zuteil geworden ist, daß Angehörige derselben Familie seine Ehre verteidigen und keine fremde Hilfe erforderlich ist. Wenn dich jedoch deine Freundschaft mit Verres daran hindert, wenn du glaubst, das, was ich von dir fordere, gehöre nicht zu deiner Pflicht, so will ich mich als Stellvertreter deiner Aufgabe unterziehen und die Rolle übernehmen, die, wie ich glaubte, einem anderen zukommt. Doch dann soll unser herrlicher Adel aufhören, sich zu beschweren, daß das römische Volk nichtadligen, strebsamen Leuten gern Ämter überträgt und immer übertragen hat.[109] Man darf sich nicht darüber beschweren, daß in unserem Staate, der wegen seiner Tüchtigkeit allen Völkern gebietet, die Tüchtigkeit sehr viel gilt. Mag sich die Totenmaske[110] des P. Africanus auch bei anderen befinden, mögen sich andere mit den Verdiensten und dem Namen des Verstorbenen schmücken: der Mann war so bedeutend, hat sich so sehr um das römische Volk verdient gemacht, daß er nicht nur bei einer Familie, sondern bei allen Bürgern in Ehren gehalten werden muß. Hieran habe auch ich für meine Person Anteil, weil ich der Bürgerschaft angehöre, die er groß, bedeutend und berühmt gemacht hat, und besonders, weil auch ich, soweit ich kann, mich in meiner Tätigkeit um die Eigenschaften bemühe, für die er ein Vorbild gewesen ist: Gerechtigkeitsgefühl, Arbeitseifer, Selbstbeherrschung,

defensione miserorum, odio improborum; quae cognatio studiorum et artium prope modum non minus est coniuncta quam ista qua vos delectamini generis et nominis.

38 (82) Repeto abs te, Verres, monumentum P. Africani. Causam Siculorum quam suscepi relinquo, iudicium de pecuniis repetundis ne sit hoc tempore, Segestanorum iniuriae neglegantur: basis P. Scipionis restituatur, nomen invicti imperatoris incidatur, signum pulcherrimum Carthagine captum reponatur. Haec abs te non Siculorum defensor, non tuus accusator, non Segestani postulant, sed is qui laudem gloriamque P. Africani tuendam conservandamque suscepit. Non vereor ne hoc officium meum P. Servilio iudici non probem, qui cum res maximas gesserit monumentaque suarum rerum gestarum cum maxime constituat atque in iis elaboret profecto volet haec non solum suis posteris verum etiam omnibus viris fortibus et bonis civibus defendenda, non spolianda improbis tradere. Non vereor ne tibi, Q. Catule, displiceat, cuius amplissimum orbi terrarum clarissimumque monumentum est, quam plurimos esse custodes monumentorum et putare omnis bonos alienae gloriae defensionem ad officium suum pertinere. (83) Equidem ceteris istius furtis atque flagitiis ita moveor ut ea reprehendenda tantum putem; hic vero tanto dolore adficior ut nihil mihi indignius, nihil minus ferendum esse videatur. Verres Africani monumentis domum suam plenam stupri, plenam flagiti, plenam dedecoris ornabit? Verres temperantissimi sanctissimique viri monumentum, Dianae simulacrum virginis, in ea domo conlocabit in qua semper meretricum lenonumque flagitia versantur?

Sinn für den Schutz der Bedrängten, Abscheu gegen die Schurken. Diese Verwandtschaft im Denken und Handeln ist fast ebenso eng, wie die, über die ihr euch freut, das Band der Herkunft und des Namens.

38 (82) Ich fordere von dir, Verres, das Denkmal des P. Africanus zurück. Die Sache der Sizilier, die ich übernommen habe, stelle ich hintan; die Verhandlung wegen der Erpressungen soll in diesem Augenblick ausgesetzt, die Kränkungen der Segestaner mögen beiseite bleiben: der Sockel des P. Scipio soll wieder aufgerichtet, der Name des unbesiegten Feldherrn eingemeißelt, das wunderschöne, in Karthago wiedergewonnene Standbild an seinen Platz zurückgestellt werden. Das verlangt von dir nicht der Verteidiger der Sizilier, nicht dein Ankläger, nicht die Segestaner, sondern der, der es übernommen hat, das Ansehen und den Ruhm des P. Africanus zu schützen und zu wahren. Ich fürchte nicht, daß mein Pflichteifer bei dem Richter P. Servilius[111] keinen Beifall findet. Ist er doch ein Mann, der die größten Taten vollbracht hat und gerade jetzt die Denkmäler seiner Taten errichtet und sich dabei abmüht; er will sie sicherlich nicht nur seinen Nachkommen, sondern auch allen tüchtigen Männern und guten Bürgern zum Schutze, nicht aber den Schurken zum Raube hinterlassen wissen. Ich fürchte nicht, daß es dir, Q. Catulus, dessen Denkmal das größte und berühmteste auf der Welt ist,[112] mißfällt, wenn es möglichst viele Wächter der Denkmäler gibt und alle Gutgesinnten meinen, die Verteidigung fremden Ruhmes gehöre zu ihrer Pflicht. (83) Die anderen Diebereien und Schandtaten des Verres empören mich nur insoweit, daß ich sie für tadelswert halte; doch hier erfüllt mich ein so tiefer Schmerz, daß mir nichts empörender, nichts unerträglicher vorkommt. Ein Verres will mit den Denkmälern des Africanus sein Haus schmücken, das von Unzucht, von Lastern, von Schandtaten voll ist? Ein Verres will das Erinnerungszeichen an den uneigennützigsten und lautersten Mann, das Bildnis der Jungfrau Diana in dem Hause aufstellen, in dem sich seit jeher die Schandtaten der Dirnen und Kuppler abspielen?

39 (84) At hoc solum Africani monumentum violasti. Quid? a Tyndaritanis non eiusdem Scipionis beneficio positum simulacrum Mercuri pulcherrime factum sustulisti? At quem ad modum, di immortales! quam audacter, quam libidinose, quam impudenter! Audistis nuper dicere legatos Tyndaritanos, homines honestissimos ac principes civitatis, Mercurium, qui sacris anniversariis apud eos ac summa religione coleretur, quem P. Africanus Carthagine capta Tyndaritanis non solum suae victoriae sed etiam illorum fidei societatisque monumentum atque indicium dedisset, huius vi scelere imperioque esse sublatum. Qui ut primum in illud oppidum venit, statim, tamquam ita fieri non solum oporteret sed etiam necesse esset, tamquam hoc senatus mandasset populusque Romanus iussisset, ita continuo signum ut demolirentur et Messanam deportarent imperavit. (85) Quod cum illis qui aderant indignum, qui audiebant incredibile videretur, non est ab isto primo illo adventu perseveratum. Discedens mandat proagoro Sopatro, cuius verba audistis, ut demoliatur; cum recusaret, vehementer minatur et statim ex illo oppido proficiscitur. Refert rem ille ad senatum; vehementer undique reclamatur. Ne multa, iterum iste ad illos aliquanto post venit, quaerit continuo de signo. Respondetur ei senatum non permittere; poenam capitis constitutam, si iniussu senatus quisquam attigisset; simul religio commemoratur. Tum iste, 'Quam mihi religionem narras, quam poenam, quem senatum? vivum te non relinquam; moriere virgis nisi mihi signum traditur.' Sopater iterum flens ad senatum rem defert, istius cupiditatem minasque demonstrat. Senatus

39 (84) Doch du hast ja nur dieses Denkmal des Africanus entweiht. Wie? Hast du nicht von den Bewohnern von Tyndaris[113] ein sehr schön gearbeitetes Bildnis des Merkur weggenommen, das unter Mithilfe desselben Scipio aufgestellt worden war? Und auf welche Weise, ihr unsterblichen Götter! Wie frech, wie willkürlich, wie unverschämt! Ihr habt kürzlich die Gesandten von Tyndaris, die angesehensten und bedeutendsten Männer der Gemeinde, aussagen hören: den Merkur, der bei ihnen durch ein jährliches Opferfest und mit der größten Anteilnahme verehrt werde, den P. Africanus nach der Einnahme von Karthago den Bewohnern von Tyndaris nicht nur als Denkmal und Zeichen seines Sieges, sondern auch ihrer Bündnistreue geschenkt habe – den habe die Gewalttat, die Rücksichtslosigkeit und das Machtwort des Verres beseitigt. Sobald er in die Stadt kam, befahl er sofort, unverzüglich das Standbild abzubauen und nach Messana zu schaffen – als ob es sich nicht nur so gehöre, sondern sogar unvermeidlich sei, als ob ihm das der Senat aufgetragen und das römische Volk befohlen habe. (85) Da dies den Anwesenden empörend, denen, die davon hörten, unglaublich vorkam, beharrte Verres während des ersten Aufenthaltes nicht auf seiner Forderung. Doch bei seiner Abreise beauftragte er den leitenden Beamten Sopatros, dessen Worte ihr gehört habt, das Standbild abzubauen; als der sich weigert, droht er heftig und begibt sich sofort aus der Stadt. Sopatros bringt die Sache vor den Gemeinderat; allseits erhebt sich heftiger Widerspruch. Um nicht viele Worte zu machen: Verres kommt einige Zeit danach wiederum zu ihnen; er fragt sofort nach dem Standbild. Man antwortet ihm, der Rat erlaube es nicht; die Todesstrafe drohe jedem, der sich ohne Anweisung des Rates an der Statue zu schaffen mache; zugleich erinnert man an religiöse Bedenken. Darauf Verres: »Von was für religiösen Bedenken redest du mir da, von welcher Strafe, von welchem Rat? Ich werde dich nicht am Leben lassen; du wirst unter Geißelhieben sterben, wenn man mir das Standbild nicht abliefert.« Sopatros bringt unter Tränen die Sache noch einmal vor den Rat; er weist auf die Gier und die Drohungen

Sopatro responsum nullum dat, sed commotus perturbatusque discedit. Ille praetoris arcessitus nuntio rem demonstrat, negat ullo modo fieri posse.

40 (86) Atque haec – nihil enim praetermittendum de istius impudentia videtur – agebantur in conventu palam de sella ac de loco superiore. Erat hiems summa, tempestas, ut ipsum Sopatrum dicere audistis, perfrigida, imber maximus, cum iste imperat lictoribus ut Sopatrum de porticu, in qua ipse sedebat, praecipitem in forum deiciant nudumque constituant. Vix erat hoc plane imperatum cum illum spoliatum stipatumque lictoribus videres. Omnes id fore putabant ut miser atque innocens virgis caederetur; fefellit hic homines opinio. Virgis iste caederet sine causa socium populi Romani atque amicum? Non usque eo est improbus; non omnia sunt in uno vitia; numquam fuit crudelis. Leniter hominem clementerque accepit. Equestres sunt medio in foro Marcellorum statuae, sicut fere ceteris in oppidis Siciliae; ex quibus iste C. Marcelli statuam delegit, cuius officia in illam civitatem totamque provinciam recentissima erant et maxima; in ea Sopatrum, hominem cum domi nobilem tum summo magistratu praeditum, divaricari ac deligari iubet. (87) Quo cruciatu sit adfectus venire in mentem necesse est omnibus, cum esset vinctus nudus in aere, in imbri, in frigore. Neque tamen finis huic iniuriae crudelitatique fiebat donec populus atque universa multitudo, atrocitate rei misericordiaque commota, senatum clamore coegit ut isti simulacrum illud Mercuri polliceretur. Clamabant fore ut ipsi se di immortales

des Verres hin. Der Rat gibt dem Sopatros keine Antwort, sondern geht erschüttert und fassungslos auseinander. Sopatros, durch einen Boten des Prätors vorgeladen, legt den Sachverhalt dar; er erklärt, die Sache lasse sich auf keinen Fall durchführen.

40 (86) Und dies – denn man darf, scheint mir, nichts von seiner Unverschämtheit unerwähnt lassen – wurde in öffentlicher Versammlung vom Amtssitz und von höherer Stelle herab verhandelt. Es war tiefster Winter, das Wetter, wie ihr Sopatros selbst habt aussagen hören, sehr kalt, und es regnete sehr stark, als Verres den Liktoren befahl, Sopatros von der Säulenhalle, in der er selbst saß, kopfüber auf den Marktplatz hinabzustoßen und dort nackt hinzustellen. Kaum war dieser Befehl ganz ausgesprochen, da sah man ihn schon entkleidet und von den Liktoren umringt. Alle glaubten, das ziele darauf ab, den unglücklichen, unschuldigen Mann mit Ruten auszupeitschen; doch in dieser Annahme täuschten sich die Menschen. Verres hätte ohne Grund einen Bundesgenossen und Freund des römischen Volkes mit Ruten auspeitschen lassen? O nein, nicht soweit geht seine Skrupellosigkeit; nicht alle Fehler finden sich in *einem* Mann; niemals war er grausam. Sanft und milde faßte er den Mann an. Mitten auf dem Marktplatz stehen Reiterstatuen der Marceller, wie in fast allen anderen Städten Siziliens; unter ihnen wählte Verres die Statue des C. Marcellus aus,[114] der in jüngster Zeit dieser Gemeinde und der ganzen Provinz in hohem Maße gute Dienste erwiesen hatte. An dieser Statue läßt er Sopatros, einen in seiner Heimat angesehenen und mit dem höchsten Amt betrauten Mann, mit auseinandergebogenen Gliedern anbinden. (87) Welche Qualen er ausstand, muß sich wohl jeder denken können, da er nackt an das Erz gefesselt stand, im Regen, in der Kälte. Und doch gab es nicht eher ein Ende dieses Unrechts und dieser Grausamkeit, als bis das Volk, und zwar die gesamte Menge, über die abscheuliche Tat empört und von Mitleid bewegt, den Rat durch sein Geschrei zwang, dem Verres das Bildnis des Merkur zu versprechen. Sie schrieen, die unsterblichen Götter würden sich selbst

ulciscerentur; hominem interea perire innocentem non oportere. Tum frequens senatus ad istum venit, pollicetur signum. Ita Sopater de statua C. Marcelli, cum iam paene obriguisset, vix vivus aufertur.

Non possum disposite istum accusare, si cupiam: opus est non solum ingenio verum etiam artificio quodam singulari. **41** (88) Unum hoc crimen videtur esse et a me pro uno ponitur, de Mercurio Tyndaritano; plura sunt, sed ea quo pacto distinguere ac separare possim nescio. Est pecuniarum captarum, quod signum ab sociis pecuniae magnae sustulit; est peculatus, quod publicum populi Romani signum de praeda hostium captum, positum imperatoris nostri nomine, non dubitavit auferre; est maiestatis, quod imperi nostri, gloriae, rerum gestarum monumenta evertere atque asportare ausus est; est sceleris, quod religiones maximas violavit; est crudelitatis, quod in hominem innocentem, in socium vestrum atque amicum, novum et singulare supplici genus excogitavit: (89) illud vero quid sit iam non queo dicere, quo nomine appellem nescio, quod in C. Marcelli statua. Quid est hoc? patronusne quod erat? Quid tum? quo id spectat? utrum ea res ad opem an ad calamitatem clientium atque hospitum valere debebat? an ut hoc ostenderes, contra vim tuam in patronis praesidi nihil esse? Quis non hoc intellegeret, in improbi praesentis imperio maiorem esse vim quam in bonorum absentium patrocinio? An vero ex hoc illa tua singularis

rächen; inzwischen brauche kein unschuldiger Mensch umzukommen. Da kommen zahlreiche Ratsherren zu Verres; man verspricht ihm das Standbild. So wird Sopatros, der vor Kälte schon fast steif war, halbtot von der Statue des C. Marcellus weggebracht.

Ich kann den Verres nicht in wohlgeordneter Rede anklagen, auch wenn ich wollte. Dazu bedürfte es nicht nur der Begabung, sondern auch einer ganz außergewöhnlichen Kunstfertigkeit. **41** (88) Es sieht so aus, als sei es ein einziges Verbrechen, und es wird von mir auch als ein einziges hingestellt, die Sache mit dem Merkur von Tyndaris; es sind indes mehrere, aber ich weiß nicht, wie ich sie unterscheiden und auseinanderhalten kann. Es handelt sich um den Vorwurf, daß Geld erpreßt wurde, weil Verres den Bundesgenossen ein Standbild von großem Geldwert weggenommen hat; es handelt sich um Unterschlagung, weil er ein öffentliches Standbild, das dem römischen Volk gehört (es war ja aus der feindlichen Beute genommen und im Namen unseres Feldherrn aufgestellt worden), ohne Bedenken sich angeeignet hat; es handelt sich um Hochverrat, weil er es wagte, die Denkmäler unserer Herrschaft und unserer ruhmreichen Taten zu entfernen und wegzuschaffen; es handelt sich um einen Frevel, weil er die heiligsten religiösen Bräuche verletzt hat; es handelt sich um einen Fall von Grausamkeit, weil er sich gegen einen unschuldigen Menschen, gegen euren Bundesgenossen und Freund, eine neue und beispiellose Art von Strafe ausgedacht hat. (89) Doch was es ist, kann ich gar nicht sagen; ich weiß auch nicht, wie ich es nennen soll, was bei dem Standbild des C. Marcellus geschehen ist. Was hat das zu bedeuten? Geschah es, weil Marcellus der Schutzherr war? Was dann? Worauf zielt das? Sollte dieser Vorgang zur Unterstützung oder zum Verderben der Schutzbefohlenen und Gastfreunde beitragen? Oder wolltest du zeigen, daß es gegen deine Gewalt bei Schutzherren keinen Schutz gibt? Wer sollte nicht begreifen, daß der Befehl eines anwesenden Schuftes eine größere Macht besitzt als der Schutz ehrenhafter Männer, die abwesend sind? Oder erhellt daraus deine

significatur insolentia, superbia, contumacia? Detrahere videlicet aliquid te de amplitudine. Marcellorum putasti. Itaque nunc Siculorum Marcelli non sunt patroni, Verres in eorum locum substitutus est. (90) Quam in te tantam virtutem esse aut dignitatem arbitratus es ut conarere clientelam tam splendidae, tam inlustris provinciae traducere ad te, auferre a certissimis antiquissimisque patronis? Tu ista nequitia, stultitia, inertia non modo totius Siciliae, sed unius tenuissimi Siculi clientelam tueri potes? tibi Marcelli statua pro patibulo in clientis Marcellorum fuit? tu ex illius honore in eos ipsos qui honorem illi habuerant supplicia quaerebas? Quid postea? quid tandem tuis statuis fore arbitrabare? an vero id quod accidit? Nam Tyndaritani statuam istius, quam sibi propter Marcellos altiore etiam basi poni iusserat, deturbarunt simul ac successum isti audierunt. **42** Dedit igitur tibi nunc fortuna Siculorum C. Marcellum iudicem, ut, cuius ad statuam Siculi te praetore alligabantur, eius religioni te ipsum devinctum adstrictumque dedamus.

(91) Ac primo, iudices, hoc signum Mercuri dicebat iste Tyndaritanos M. Marcello huic Aesernino vendidisse, atque hoc sua causa etiam M. Marcellum ipsum sperabat esse dicturum; quod mihi numquam veri simile visum est, adulescentem illo loco natum, patronum Siciliae, nomen suum isti ad translationem criminis commodaturum. Verum tamen ita mihi res tota provisa atque praecauta est ut, si maxime esset inventus qui in se suscipere istius culpam crimenque cuperet, tamen is

beispiellose Unverschämtheit, Überheblichkeit und Starrköpfigkeit? Offensichtlich hast du geglaubt, das Ansehen der Marceller etwas schmälern zu können? Und so sind jetzt nicht mehr die Marceller die Schutzherrn der Sizilier; Verres ist an ihre Stelle getreten. (90) Welch großes Verdienst oder Ansehen glaubtest du dir erworben zu haben, daß du versuchtest, die Schutzherrschaft über eine so glänzende, so bedeutende Provinz an dich zu bringen und sie den zuverlässigsten und ältesten Schutzherren wegzunehmen? Kannst du bei deiner Nichtswürdigkeit, Einfalt und Trägheit die Schutzherrschaft über einen einzigen ganz einfachen Sizilier, geschweige denn über ganz Sizilien wahrnehmen? Dir hat das Standbild des Marcellus als Marterholz für die Schutzbefohlenen der Marceller gedient? Du wolltest aus seinem Ehrenmal eine Folter für eben die machen, die ihm die Ehre erwiesen hatten? Was danach? Was, glaubtest du, werde schließlich mit *deinen* Standbildern geschehen? Etwa, was wirklich geschehen ist? Denn die Bewohner von Tyndaris haben sein Standbild, das er sich neben denen der Marceller auf einem noch höheren Sockel hatte errichten lassen, umgestürzt, sobald sie gehört hatten, daß sein Nachfolger dasei.
42 So hat denn jetzt ein gütiges Geschick der Sizilier den C. Marcellus dir zum Richter gegeben, damit wir dich gefesselt und gebunden der Gewissenhaftigkeit des Mannes übergeben können, an dessen Standbild die Sizilier unter deiner Prätur gefesselt wurden.

(91) Und zuerst behauptete Verres, die Bewohner von Tyndaris hätten das Bildnis des Merkur dem hier anwesenden M. Marcellus Aeserninus[115] verkauft, und er hoffte, daß um seinetwillen auch M. Marcellus selbst das bestätigen werde. Doch das schien mir niemals wahrscheinlich, daß ein junger Mann von solcher Geburt, ein Schutzherr Siziliens, dem Verres seinen Namen borgen werde, um einen Vorwurf von ihm abzulenken. Gleichwohl habe ich in der ganzen Sache aufgepaßt und Vorsorge getroffen: auch wenn sich im äußersten Falle jemand fände, der die Schuld und das Verbrechen des Verres auf sich nehmen wollte, so könnte er doch nichts aus-

proficere nihil posset. Eos enim deduxi testis et eas litteras deportavi ut de istius facto dubium esse nemini possit. (92) Publicae litterae sunt deportatum Mercurium esse Messanam sumptu publico; dicunt quanti; praefuisse huic negotio publice legatum Poleam. Quid? is ubi est? Praesto est, testis est. Proagori Sopatri iussu. Quis est hic? Qui ad statuam adstrictus est. Quid? is ubi est? Vidistis hominem et verba eius audistis. Demoliendum curavit Demetrius gymnasiarchus, quod is ei loco praeerat. Quid? hoc nos dicimus? Immo vero ipse praesens. Romae nuper ipsum istum esse pollicitum sese id signum legatis redditurum si eius rei testificatio tolleretur cautumque esset eos testimonium non esse dicturos, – dixit hoc apud vos Zosippus, et Ismenias, homines nobilissimi et principes Tyndaritanae civitatis.

43 (93) Quid? Agrigento nonne eiusdem P. Scipionis monumentum, signum Apollinis pulcherrimum, cuius in femore litteris minutis argenteis nomen Myronis erat inscriptum, ex Aesculapi religiosissimo fano sustulisti? Quod quidem, iudices, cum iste clam fecisset, cum ad suum scelus illud furtumque nefarium quosdam homines improbos duces atque adiutores adhibuisset, vehementer commota civitas est. Uno enim tempore Agrigentini beneficium Africani, religionem domesticam, ornamentum urbis, indicium victoriae, testimonium societatis requirebant. Itaque ab iis qui principes in ea civitate erant praecipitur et negotium datur quaestoribus et aedilibus ut noctu vigilias agerent ad aedis sacras. Etenim iste Agrigenti – credo propter multitudinem illorum hominum atque virtutem, et quod cives Romani, viri fortes atque honesti, permulti in illo oppido coniunctissimo animo cum

richten. Denn ich habe solche Zeugen beigebracht und solche Urkunden herbeigeschafft, daß niemand an seiner Tat einen Zweifel haben kann. (92) Amtliche Urkunden liegen vor, daß der Merkur auf öffentliche Kosten nach Messana geschafft worden ist; sie sagen, zu welchem Preis; die Aufsicht bei diesem Vorgang habe von Amts wegen der Bevollmächtigte Poleas gehabt. Wie? Wo der ist? Er ist anwesend, er ist Zeuge. Auf Befehl des leitenden Beamten Sopatros. Wer ist das? Der Mann, der an das Standbild gefesselt war. Wie? Wo ist der? Ihr habt den Mann gesehen und habt seine Worte gehört. Den Abbau der Statue besorgte der Gymnasiarch[116] Demetrios, weil er über diesen Platz die Aufsicht hatte. Wie? Behaupten wir das? Nein, vielmehr er selbst, der anwesend ist. Verres selbst habe kürzlich in Rom den Gesandten versprochen, er werde ihnen das Standbild zurückgeben, wenn man den Zeugenbeweis für diese Sache vereitele und sichergestellt sei, daß sie keine Zeugenaussage machen würden – das erklärten vor euch Zosippos und Ismenias, zwei hochangesehene und führende Männer der Gemeinde Tyndaris.

43 (93) Wie? Hast du nicht in Agrigent das Denkmal desselben P. Scipio, das wunderschöne Standbild des Apollo, auf dessen Schenkel in winzigen silbernen Buchstaben der Name des Myron[117] geschrieben stand, aus dem hochheiligen Tempel des Äskulap weggenommen? Als er das, ihr Richter, heimlich ausgeführt, als er bei seinem Verbrechen und frevelhaften Diebstahl einige gewissenlose Leute als Rädelsführer und Helfer verwendet hatte, da geriet die Gemeinde in heftige Erregung. Denn zur gleichen Zeit mußten die Agrigentiner die Gunstbezeigung des Africanus, das einheimische Kultbild, den Schmuck der Stadt, das Zeichen des Sieges, das Zeugnis der Bundesgenossenschaft entbehren. Daher geben die obersten Männer dieser Gemeinde den Quästoren und Ädilen[118] den strikten Auftrag, nachts bei den Tempeln Wachposten aufzustellen. Denn in Agrigent wagte Verres nicht (ich glaube wegen der Menge der Menschen und wegen ihres Mutes, und weil römische Bürger, tüchtige und achtbare Männer, in sehr großer Zahl in dieser Stadt in größter

ipsis Agrigentinis vivunt ac negotiantur – non audebat palam poscere aut tollere quae placebant. (94) Herculis templum est apud Agrigentinos non longe a foro, sane sanctum apud illos et religiosum. Ibi est ex aere simulacrum ipsius Herculis, quo non facile dixerim quicquam me vidisse pulchrius – tametsi non tam multum in istis rebus intellego quam multa vidi – usque eo, iudices, ut rictum eius ac mentum paulo sit attritius, quod in precibus et gratulationibus non solum id venerari verum etiam osculari solent. Ad hoc templum, cum esset iste Agrigenti, duce Timarchide repente nocte intempesta servorum armatorum fit concursus atque impetus. Clamor a vigilibus fanique custodibus tollitur; qui primo cum obsistere ac defendere conarentur, male mulcati clavis ac fustibus repelluntur. Postea convulsis repagulis ecfractisque valvis demoliri signum ac vectibus labefactare conantur. Interea ex clamore fama tota urbe percrebruit expugnari deos patrios, non hostium adventu necopinato neque repentino praedonum impetu, sed ex domo atque ex cohorte praetoria manum fugitivorum instructam armatamque venisse. (95) Nemo Agrigenti neque aetate tam adfecta neque viribus tam infirmis fuit qui non illa nocte eo nuntio excitatus surrexerit, telumque quod cuique fors offerebat arripuerit. Itaque brevi tempore ad fanum ex urbe tota concurritur. Horam amplius iam in demoliendo signo permulti homines moliebantur; illud interea nulla lababat ex parte, cum alii vectibus subiectis conarentur commovere, alii deligatum omnibus membris rapere ad se funibus. Ac repente Agrigentini con-

Eintracht mit den eigentlichen Agrigentinern leben und Handel treiben), in aller Öffentlichkeit zu fordern oder wegzunehmen, was ihm gefiel. (94) In Agrigent steht nicht weit vom Marktplatz entfernt ein Herkulestempel, der den Bewohnern sehr heilig und verehrungswürdig ist. Dort gibt es eine Erzstatue des Herkules selbst; ich könnte nicht leicht sagen, je etwas Schöneres gesehen zu haben als sie (freilich verstehe ich nicht so viel von diesen Dingen, aber ich habe vielerlei gesehen). Die Statue ist so schön, ihr Richter, daß der offene Mund und das Kinn ziemlich abgerieben sind, weil man das Bild bei Bitt- und Dankgebeten nicht nur zu verehren, sondern auch zu küssen pflegt. Zu diesem Tempel kommt, als Verres in Agrigent war, unter der Führung des Timarchides plötzlich in tiefer Nacht ein Haufe bewaffneter Sklaven herangestürmt. Die Wächter und Tempelhüter erheben Geschrei. Sie versuchten zuerst sich entgegenzustellen und Widerstand zu leisten, werden aber mit Keulen und Knüppeln übel zugerichtet und zurückgetrieben. Danach reißt man die Riegel los und bricht die Türflügel auf; man versucht die Statue abzubauen und mit Hebebäumen von der Stelle zu bewegen. Unterdessen verbreitete sich wegen des Geschreies in der ganzen Stadt das Gerücht, die einheimischen Götter würden entwendet, nicht infolge einer unerwarteten Ankunft von Feinden noch infolge eines plötzlichen Überfalls von Räubern, sondern aus dem Hause und dem Gefolge des Prätors sei eine ausgerüstete und bewaffnete Schar entlaufener Sklaven gekommen. (95) Niemand in Agrigent fühlte sich vom Alter so angegriffen und an Kräften so schwach, daß er sich nicht in jener Nacht, von der Nachricht aufgeschreckt, erhoben und die Waffe ergriffen hätte, die der Zufall einem jeden bot. Und so läuft man in kurzer Zeit aus der ganzen Stadt zum Tempel hin. Schon mehr als eine Stunde mühten sich sehr viele Leute bei dem Abbau der Statue ab. Indes die bewegte sich an keiner Stelle, obwohl einige sie mit untergelegten Hebebäumen zu bewegen, andere sie mit um alle Glieder gebundenen Stricken wegzuziehen versuchten. Da kommen plötzlich die Agrigen-

currunt; fit magna lapidatio; dant sese in fugam istius praeclari imperatoris nocturni milites. Duo tamen sigilla perparvula tollunt, ne omnino inanes ad istum praedonem religionum revertantur. Numquam tam male est Siculis quin aliquid facete et commode dicant, velut in hac re aiebant in labores Herculis non minus hunc immanissimum verrem quam illum aprum Erymanthium referri oportere.

44 (96) Hanc virtutem Agrigentinorum imitati sunt Assorini postea, viri fortes et fideles, sed nequaquam ex tam ampla neque tam ex nobili civitate. Chrysas est amnis qui per Assorinorum agros fluit; is apud illos habetur deus et religione maxima colitur. Fanum eius est in agro, propter ipsam viam qua Assoro itur Hennam; in eo Chrysae simulacrum est praeclare factum e marmore. Id iste poscere Assorinos propter singularem eius fani religionem non ausus est; Tlepolemo dat et Hieroni negotium. Illi noctu facta manu armataque veniunt, foris aedis effringunt; aeditumi custodesque mature sentiunt; signum quod erat notum vicinitati bucina datur; homines ex agris concurrunt; eicitur fugaturque Tlepolemus, neque quicquam ex fano Chrysae praeter unum perparvulum signum ex aere desideratum est.

(97) Matris Magnae fanum apud Enguinos est, – iam enim mihi non modo breviter de uno quoque dicendum, sed etiam praetereunda videntur esse permulta, ut ad maiora istius et inlustriora in hoc genere furta et scelera veniamus: in hoc fano loricas galeasque aeneas, caelatas opere Corinthio, hydriasque grandis simili in genere atque eadem arte perfec-

tiner angestürmt; es setzt ein großer Steinhagel ein; die nächtlichen Soldaten unseres vortrefflichen Feldherrn ergreifen die Flucht. Immerhin nehmen sie zwei sehr kleine Statuetten mit, um nicht mit völlig leeren Händen zu diesem Räuber von Kultgegenständen zurückzukehren. Niemals geht es den Siziliern so schlecht, daß sie nicht etwas Witziges und Treffendes zu sagen wüßten; so meinten sie in diesem Falle, dieses grauenhafteste aller Wildschweine müsse man ebenso zu den Arbeiten des Herkules rechnen wie den Erymantischen Eber.[119]

44 (96) Diese tapfere Tat der Agrigentiner haben später die Assoriner nachgeahmt, tüchtige und zuverlässige Männer, jedoch keineswegs aus einer so bedeutenden und so angesehenen Gemeinde. Chrysas heißt der Fluß, der durch das Gebiet der Assoriner fließt. Der wird bei ihnen als Gott angesehen und mit der größten Ehrfurcht verehrt. Sein Tempel steht auf freiem Felde unmittelbar neben der Straße, die von Assoros nach Henna führt.[120] In ihm befindet sich ein Bildnis des Chrysas, eine vorzügliche Arbeit aus Marmor. Das wagte Verres von den Assorinern wegen der außergewöhnlichen Heiligkeit dieses Tempels nicht zu fordern; er übergibt die Sache dem Tlepolemos und Hieron; die ziehen eine Bande zusammen, bewaffnen sie und erscheinen nachts mit ihr; sie brechen die Türen des Tempels auf. Die Tempelhüter und Wächter merken es rechtzeitig; mit einem Hirtenhorn gibt man das der Nachbarschaft bekannte Zeichen; die Leute eilen von den Feldern herbei; Tlepolemos wird hinausgeworfen und verjagt; aus dem Heiligtum des Chrysas wurde außer einer ganz kleinen Erzstatue nichts vermißt.

(97) In Engyon steht ein Heiligtum der großen Mutter.[121] Ich muß jetzt freilich, glaube ich, nicht nur über jeden einzelnen Fall kurz sprechen, sondern auch sehr vieles übergehen, um zu Verres' größeren, auffallenderen Diebstählen und Freveln auf diesem Gebiet zu kommen. In diesem Heiligtum befanden sich Brustpanzer und Helme aus Erz, die mit Treibarbeiten in korinthischer Ausführung verziert waren, und große Wasserkrüge, die in ähnlicher Art und mit gleicher Kunst

tas idem ille Scipio, vir omnibus rebus praecellentissimus, posuerat et suum nomen inscripserat. Quid iam de isto plura dicam aut querar? Omnia illa, iudices, abstulit, nihil in religiosissimo fano praeter vestigia violatae religionis nomenque P. Scipionis reliquit; hostium spolia, monumenta imperatorum, decora atque ornamenta fanorum posthac his praeclaris nominibus amissis in instrumento atque in supellectile Verris nominabuntur. (98) Tu videlicet solus vasis Corinthiis delectaris, tu illius aeris temperationem, tu operum liniamenta sollertissime perspicis! Haec Scipio ille non intellegebat, homo doctissimus atque humanissimus: tu sine ulla bona arte, sine humanitate, sine ingenio, sine litteris, intellegis et iudicas! Vide ne ille non solum temperantia sed etiam intellegentia te atque istos qui se elegantis dici volunt vicerit. Nam quia quam pulchra essent intellegebat, idcirco existimabat ea non ad hominum luxuriem, sed ad ornatum fanorum atque oppidorum esse facta, ut posteris nostris monumenta religiosa esse videantur.

45 (99) Audite etiam singularem eius, iudices, cupiditatem, audaciam, amentiam, in iis praesertim sacris polluendis quae non modo manibus attingi, sed ne cogitatione quidem violari fas fuit. Sacrarium Cereris est apud Catinensis eadem religione qua Romae, qua in ceteris locis, qua prope in toto orbe terrarum. In eo sacrario intimo signum fuit Cereris perantiquum, quod viri non modo cuius modi esset sed ne esse quidem sciebant; aditus enim in id sacrarium non est viris; sacra per mulieres ac virgines confici solent. Hoc signum noctu

angefertigt waren; derselbe Scipio, dieser in jeder Beziehung so herausragende Mann, hatte sie geweiht und seinen Namen dort angebracht. Was soll ich noch mehr über Verres sagen oder klagen? Alle diese Dinge hat er weggeschafft, ihr Richter; nichts ließ er in dem hochheiligen Tempel zurück als die Spuren des entweihten Götterkultes und den Namen des P. Scipio. Die den Feinden abgenommenen Waffen, die Denkmäler der Feldherrn, die Zier- und Schmuckstücke der Tempel haben ihre ruhmvollen Namen verloren; künftig werden sie unter dem Gerät und dem Hausrat des Verres aufgeführt werden. (98) Du bist natürlich der einzige, der an korinthischen Gefäßen Freude hat, der die Mischung des Metalls, der die eingravierten Zeichnungen mit dem größten Kunstverstand begutachtet. Darin kannte sich unser Scipio nicht aus, dieser so kenntnisreiche und feingebildete Mann; doch du, ohne edles Bestreben, ohne Bildung, ohne Begabung, ohne literarische Kenntnisse, du kennst dich darin aus und kannst es beurteilen. Sieh zu, ob Scipio dich und diejenigen, die als Leute von Geschmack bezeichnet zu werden wünschen, nicht nur an Bescheidenheit, sondern auch an Kennerschaft übertroffen hat. Denn weil er erkannte, wie schön diese Werke waren, eben deswegen glaubte er, sie seien nicht für die Prunksucht von Menschen, sondern zum Schmuck der Tempel und Städte gemacht; noch unseren Nachkommen sollten sie als heilige Denkmäler erscheinen.

45 (99) Hört jetzt noch weiter von seiner beispiellosen Gier, Skrupellosigkeit und Tollheit, ihr Richter, zumal bei der Schändung der Heiligtümer, die nicht mit den Händen berührt, ja, nicht einmal in Gedanken hätten entweiht werden dürfen. In Catina steht ein Tempel der Ceres, fast von derselben Heiligkeit, wie der in Rom, wie die an den übrigen Orten, wie fast alle auf der ganzen Welt. Im Innersten dieses Tempels stand eine uralte Statue der Ceres; die Männer wußten nicht, von welcher Art sie war, ja nicht einmal, daß es sie dort gab; denn die Männer hatten keinen Zutritt zu diesem Tempel; die Opfer pflegen durch Frauen und junge Mädchen dargebracht zu werden. Diese Statue haben die Sklaven des

clam istius servi ex illo religiosissimo atque antiquissimo loco sustulerunt. Postridie sacerdotes Cereris atque illius fani antistitae, maiores natu, probatae ac nobiles mulieres, rem ad magistratus suos deferunt. Omnibus acerbum, indignum, luctuosum denique videbatur. (100) Tum iste permotus illa atrocitate negoti, ut ab se sceleris illius suspicio demoveretur, dat hospiti suo cuidam negotium ut aliquem reperiret quem illud fecisse insimularet, daretque operam ut is eo crimine damnaretur, ne ipse esset in crimine. Res non procrastinatur. Nam cum iste Catina profectus esset, servi cuiusdam nomen defertur; is accusatur, ficti testes in eum dantur. Rem cunctus senatus Catinensium legibus iudicabat. Sacerdotes vocantur; ex iis quaeritur secreto in curia quid esse factum arbitrarentur, quem ad modum signum esset ablatum. Respondent illae praetoris in eo loco servos esse visos. Res, quae esset iam antea non obscura, sacerdotum testimonio perspicua esse coepit. Itur in consilium; servus ille innocens omnibus sententiis absolvitur, – quo facilius vos hunc omnibus sententiis condemnare possitis. (101) Quid enim postulas, Verres? quid speras, quid exspectas, quem tibi aut deum aut hominem auxilio futurum putas? Eone tu servos ad spoliandum fanum immittere ausus es quo liberos adire ne ornandi quidem causa fas erat? iisne rebus manus adferre non dubitasti a quibus etiam oculos cohibere te religionum iura cogebant? Tametsi ne oculis quidem captus in hanc fraudem tam sceleratam ac tam nefariam decidisti; nam id concupisti quod numquam videras, id, inquam, adamasti quod antea non aspexeras; auribus tu tantam cupiditatem concepi-

Verres bei Nacht heimlich aus der hochheiligen, uralten Stätte entwendet. Am nächsten Tag berichten die Priesterinnen der Ceres und die Vorsteherinnen des Tempels, ältere erprobte und vornehme Frauen, ihren Behörden von dem Geschehen. Allen erschien die Sache bitter, empörend, ja erbärmlich. (100) Da gibt Verres, durch die schlimme Wirkung der Tat beunruhigt und um den Verdacht des Vergehens von sich abzulenken, einem seiner Gastfreunde den Auftrag, jemanden ausfindig zu machen, den er der Tat beschuldigen könne, und sich darum zu bemühen, daß der wegen dieses Verbrechens verurteilt werde, damit er nicht selbst als schuldig gelte. Die Ausführung wird nicht auf die lange Bank geschoben. Denn als Verres aus Catina abgereist war, wird ein Sklave angezeigt; man klagt ihn an und bietet falsche Zeugen gegen ihn auf. Der gesamte Rat von Catina urteilte den Fall nach den Gesetzen ab. Die Priesterinnen werden vorgeladen; man befragt sie in geheimer Sitzung im Rathaus, was ihrer Meinung nach geschehen sei, wie die Statue entwendet worden sei. Die Frauen antworten, man habe an Ort und Stelle die Sklaven des Prätors gesehen. Die Sache, die schon vorher nicht dunkel gewesen war, begann sich durch die Zeugenaussage der Priesterinnen völlig zu erhellen. Man schreitet zur Beratung; der unschuldige Sklave wird einstimmig freigesprochen, so daß ihr um so leichter den Verres einstimmig verurteilen könnt. (101) Denn was verlangst du noch, Verres? Was hoffst, was erwartest du, welcher Gott oder Mensch, glaubst du, wird dir zu Hilfe kommen? Um den Tempel zu berauben, hast du deine Sklaven dorthin zu schicken gewagt, wohin freie Männer sich nicht einmal begeben durften, um den Tempel zu schmücken? Du hast keine Bedenken gehabt, deine Hände an Dinge zu legen, von denen sogar die Augen abzuwenden die religiösen Bräuche und Satzungen dich zwangen? Indes du bist nicht einmal, durch deine Augen verlockt, auf diese so frevelhafte und so ruchlose Gaunerei verfallen. Denn du hast begehrt, was du niemals gesehen hattest, du hast, sage ich, heftiges Verlangen gehabt nach etwas, was du vorher nicht angeschaut hattest.

sti ut eam non metus, non religio, non deorum vis, non hominum existimatio contineret. (102) At ex bono viro, credo, audieras et bono auctore. Qui id potes, qui ne ex viro quidem audire potueris? Audisti igitur ex muliere, quoniam id viri nec vidisse neque nosse poterant. Qualem porro illam feminam fuisse putatis, iudices, quam pudicam, quae cum Verre loqueretur, quam religiosam, quae sacrari spoliandi rationem ostenderet? Ac minime mirum, quae sacra per summam castimoniam virorum ac mulierum fiant, eadem per istius stuprum ac flagitium esse violata.

46 Quid ergo? hoc solum auditione expetere coepit, cum id ipse non vidisset? Immo vero alia complura; ex quibus eligam spoliationem nobilissimi atque antiquissimi fani, de qua priore actione testis dicere audistis. Nunc eadem illa, quaeso, audite et diligenter, sicut adhuc fecistis, attendite.

(103) Insula est Melita, iudices, satis lato a Sicilia mari periculosoque diiuncta; in qua est eodem nomine oppidum, quo iste numquam accessit, quod tamen isti textrinum per triennium ad muliebrem vestem conficiendam fuit. Ab eo oppido non longe in promunturio fanum est Iunonis antiquum, quod tanta religione semper fuit ut non modo illis Punicis bellis quae in his fere locis navali copia gesta atque versata sunt, sed etiam hac praedonum multitudine semper inviolatum sanctumque fuerit. Quin etiam hoc memoriae proditum est, classe quondam Masinissae regis ad eum locum adpulsa praefectum regium dentis eburneos incredibili magnitudine e fano sustulisse et eos in Africam portasse Masinissaeque

Deine Ohren waren es, die in dir eine so heftige Gier geweckt haben, daß nicht Furcht, nicht religiöse Scheu, nicht die Macht der Götter, nicht die Rücksicht auf die öffentliche Meinung sie zu zügeln vermochte. (102) Aber du hattest davon wohl von einem rechtschaffenen Mann und zuverlässigen Gewährsmann gehört. Wie kannst du das, da du darüber überhaupt nichts von einem Mann hast hören können? Du hast es also von einer Frau gehört, da ja Männer die Statue weder sehen noch kennen konnten. Was aber, glaubt ihr wohl, ihr Richter, ist das für eine Frau gewesen: wie anständig, da sie mit Verres sprach, wie gottesfürchtig, da sie ihm einen Weg zeigte, das Heiligtum zu berauben? Und es ist nicht im mindesten verwunderlich, daß eben die Kulthandlungen, die Männer und Frauen in strengster Keuschheit vollziehen, durch die Unzucht und Lasterhaftigkeit des Verres entweiht worden sind.[122]

46 Wie nun? War dies der einzige Gegenstand, der auf bloßes Hörensagen hin sein Begehren reizte, ohne daß er selbst ihn gesehen hatte? Nein, es gab noch einiges andere. Ich will davon nur *ein* Beispiel auswählen: die Plünderung eines sehr angesehenen, uralten Heiligtums; darüber habt ihr in der ersten Verhandlung Zeugen aussagen hören. Jetzt hört euch bitte dasselbe an und gebt sorgfältig acht, wie ihr es bisher getan habt.

(103) Die Insel Melita[123], ihr Richter, ist durch eine ziemlich breite und gefährliche Meeresstraße von Sizilien getrennt. Auf ihr gibt es eine Stadt gleichen Namens; dorthin ist Verres niemals gekommen, obwohl sich dort drei Jahre lang seine Weberei zur Anfertigung von Frauenkleidung befand. Von dieser Stadt nicht weit entfernt steht auf einem Vorgebirge ein alter Tempel der Juno, der stets eine so hohe Verehrung genoß, daß er nicht nur während der Punischen Kriege, die in diesen Gegenden meistens mit den Seestreitkräften ausgetragen wurden und sich abspielten, sondern auch bei der augenblicklichen Menge der Seeräuber[124] immer unverletzt und unberührt blieb. Ja, man berichtet sogar, daß einst die Flotte des Königs Masinissa[125] dort landete und der königliche

donasse. Regem primo delectatum esse munere; post, ubi audisset unde essent, statim certos homines in quinqueremi misisse qui eos dentis reponerent. Itaque in iis scriptum litteris Punicis fuit regem Masinissam imprudentem accepisse, re cognita reportandos reponendosque curasse. Erat praeterea magna vis eboris, multa ornamenta, in quibus eburneae Victoriae antiquo opere ac summa arte perfectae. (104) Haec iste omnia, ne multis morer, uno impetu atque uno nuntio per servos Venerios, quos eius rei causa miserat, tollenda atque asportanda curavit.

47 Pro di immortales! quem ego hominem accuso? quem legibus aut iudiciali iure persequor? de quo vos sententiam per tabellam feretis? Dicunt legati Melitenses publice spoliatum templum esse Iunonis, nihil istum in religiosissimo fano reliquisse; quem in locum classes hostium saepe accesserint, ubi piratae fere quotannis hiemare soleant, quod neque praedo violarit ante neque umquam hostis attigerit, id ab uno isto sic spoliatum esse ut nihil omnino sit relictum. Hic nunc iste reus aut ego accusator aut hoc iudicium appellabitur? Criminibus enim coarguitur aut suspicionibus in iudicium vocatur! Di ablati, fana vexata, nudatae urbes reperiuntur; earum autem rerum nullam sibi iste neque infitiandi rationem neque defendendi facultatem reliquit; omnibus in rebus coarguitur a me, convincitur a testibus, urgetur confessione

Befehlshaber Elfenbeinzähne von unglaublicher Größe aus dem Tempel weggenommen, sie nach Afrika gebracht und Masinissa geschenkt habe. Der König sei zuerst über das Geschenk erfreut gewesen; doch dann, als er hörte, woher es stamme, habe er sofort in einem Fünfruderer zuverlässige Leute losgeschickt, die Zähne wieder an ihren früheren Platz zu bringen. Daher stand auf ihnen in punischer Schrift geschrieben, König Masinissa habe sie ahnungslos entgegengenommen, sie jedoch, als ihm der wahre Sachverhalt bekanntgeworden sei, zurückschaffen und an den früheren Platz bringen lassen. Außerdem gab es dort eine große Menge Elfenbein und viele Kostbarkeiten, darunter elfenbeinerne Siegesgöttinnen, in altem Stil und mit höchster Kunst ausgeführte Arbeiten. (104) Alle diese Gegenstände ließ Verres – um mich nicht lange dabei aufzuhalten – in *einem* Überfall und durch *einen* Befehl von den Venussklaven, die er deswegen losgeschickt hatte, wegnehmen und wegschaffen.

47 Bei den unsterblichen Göttern! Was für einen Menschen klage ich an? Wen verfolge ich hier nach Gesetz und Recht? Über wen sollt ihr mit der Stimmtafel euer Urteil sprechen? Die Gesandten aus Melita sagen von Amts wegen aus: der Tempel der Juno sei beraubt worden, Verres habe nichts an der hochheiligen Stätte zurückgelassen; an dem Ort, den oft die feindlichen Flotten angelaufen hätten, wo die Piraten fast alljährlich zu überwintern pflegen, sei das Heiligtum, das vorher weder ein Räuber entweiht noch jemals ein Feind angerührt habe, von dem einen Mann so geplündert worden, daß überhaupt nichts mehr übriggeblieben sei. Da soll jetzt Verres als Angeklagter oder ich als Ankläger oder dies als ein Gerichtsverfahren bezeichnet werden? Denn man bringt ja nur Beschuldigungen gegen ihn vor oder zieht ihn mit Verdächtigungen vor Gericht. Nein, man findet entwendete Götterstatuen, entweihte Heiligtümer, geplünderte Städte; Verres aber hat sich bei diesen Taten keinen Weg zum Leugnen und keine Möglichkeit zur Verteidigung gelassen. In allen Punkten wird er von mir überführt, von den Zeugen belastet, durch sein eigenes Geständnis bedrängt, bei hand-

sua, manifestis in maleficiis tenetur, – et manet etiam ac tacitus facta mecum sua recognoscit!

(105) Nimium mihi diu videor in uno genere versari criminum; sentio, iudices, occurrendum esse satietati aurium animorumque vestrorum. Quam ob rem multa praetermittam; ad ea autem quae dicturus sum reficite vos, quaeso, iudices, per deos immortalis, – eos ipsos de quorum religione iam diu dicimus, – dum id eius facinus commemoro et profero quo provincia tota commota est. De quo si paulo altius ordiri ac repetere memoriam religionis videbor, ignoscite: rei magnitudo me breviter perstringere atrocitatem criminis non sinit.

48 (106) Vetus est haec opinio, iudices, quae constat ex antiquissimis Graecorum litteris ac monumentis, insulam Siciliam totam esse Cereri et Liberae consecratam. Hoc cum ceterae gentes sic arbitrantur, tum ipsis Siculis ita persuasum est ut in animis eorum insitum atque innatum esse videatur. Nam et natas esse has in his locis deas et fruges in ea terra primum repertas esse arbitrantur, et raptam esse Liberam, quam eandem Proserpinam vocant, ex Hennensium nemore, qui locus, quod in media est insula situs, umbilicus Siciliae nominatur. Quam cum investigare et conquirere Ceres vellet, dicitur inflammasse taedas iis ignibus qui ex Aetnae vertice erumpunt; quas sibi cum ipsa praeferret, orbem omnem peragrasse terrarum. (107) Henna autem, ubi ea quae dico gesta esse memorantur, est loco perexcelso atque edito, quo in summo est aequata agri planities et aquae perennes, tota vero ab omni aditu circumcisa atque directa est; quam circa lacus lucique sunt plurimi atque laetissimi flores omni tempore anni, locus ut ipse raptum illum virginis, quem iam a

greiflichen Missetaten ertappt, und doch bleibt er noch hier und mustert schweigend mit mir seine Taten.
(105) Allzu lange schon, glaube ich, verweile ich bei *einer* Art von Verbrechen; ich merke, ihr Richter, daß ich der Übersättigung eurer Ohren und Sinne abhelfen muß. Deshalb will ich vieles übergehen; doch für das, was ich jetzt sagen werde, sammelt bitte wieder eure Kräfte, ihr Richter, bei den unsterblichen Göttern, gerade bei ihnen, über deren verletzte Heiligkeit wir schon so lange sprechen – während ich eine Freveltat des Verres mitteile und vorbringe, die die ganze Provinz erregt hat. Wenn ich hierbei etwas weiter auszuholen und die Geschichte eines Kults aufzurollen scheine, so verzeiht. Die Größe der Sache läßt nicht zu, daß ich das abscheuliche Verbrechen nur kurz streife.
48 (106) Es ist ein alter Glaube, ihr Richter, der sich auf sehr alte Urkunden und Denkmäler der Griechen stützt, daß die ganze Insel Sizilien der Ceres und der Libera[126] geweiht sei. Diesen Glauben teilen auch die anderen Völker, die Sizilier selbst aber sind so fest davon überzeugt, daß man glauben könnte, er sei ihnen eingepflanzt und angeboren. Denn in ihrem Lande, glauben sie, seien diese Göttinnen geboren; auch sei in diesem Lande zuerst der Ackerbau erfunden und Libera, die man auch Proserpina nennt, aus dem Hain von Henna geraubt worden,[127] dieser Ort wird, weil er in der Mitte der Insel liegt, der Nabel Siziliens genannt. Als Ceres sie aufzuspüren und wiederzufinden suchte, habe sie sich, so erzählt man, an den Flammen, die aus dem Gipfel des Ätna hervorbrechen, Fackeln angezündet; indem sie diese vor sich hertrug, habe sie die ganze Welt durchwandert. (107) Henna aber, wo die Ereignisse, die ich berichte, sich abgespielt haben sollen, liegt auf einem hoch emporragenden Platz, auf dessen Gipfel sich eine ebene Fläche Landes und nie versiegende Quellen befinden; die Stadt aber ist vollständig durch senkrecht abfallende Felswände von jedem Zugang ringsum abgeschnitten; rings um sie befinden sich sehr viele Seen und Haine, und zu jeder Jahreszeit blühen die üppigsten Blumen, so daß der Ort selbst den Raub der Jungfrau, von dem wir

pueris accepimus, declarare videatur. Etenim prope est spelunca quaedam conversa ad aquilonem infinita altitudine, qua Ditem patrem ferunt repente cum curru exstitisse abreptamque ex eo loco virginem secum asportasse et subito non longe a Syracusis penetrasse sub terras, lacumque in eo loco repente exstitisse, ubi usque ad hoc tempus Syracusani festos dies anniversarios agunt celeberrimo virorum mulierumque conventu. **49** Propter huius opinionis vetustatem, quod horum in his locis vestigia ac prope incunabula reperiuntur deorum, mira quaedam tota Sicilia privatim ac publice religio est Cereris Hennensis. Etenim multa saepe prodigia vim eius numenque declarant; multis saepe in difficillimis rebus praesens auxilium eius oblatum est, ut haec insula ab ea non solum diligi sed etiam incoli custodirique videatur. (108) Nec solum Siculi, verum etiam ceterae gentes nationesque Hennensem Cererem maxime colunt. Etenim si Atheniensium sacra summa cupiditate expetuntur, ad quos Ceres in illo errore venisse dicitur frugesque attulisse, quantam esse religionem convenit eorum apud quos eam natam esse et fruges invenisse constat? Itaque apud patres nostros atroci ac difficili rei publicae tempore, cum Tiberio Graccho occiso magnorum periculorum metus ex ostentis portenderetur, P. Mucio L. Calpurnio consulibus aditum est ad libros Sibyllinos; ex quibus inventum est Cererem antiquissimam placari oportere. Tum ex amplissimo collegio decemvirali sacerdotes populi Romani, cum esset in urbe nostra Cereris pulcherrimum et magnificentissimum templum, tamen usque Hennam profecti sunt. Tanta enim erat auctoritas et vetustas illius

schon in der Kindheit gehört haben, zu erklären scheint.[128] Denn in der Nähe befindet sich auch eine nach Norden hin geöffnete Höhle von unermeßlicher Tiefe, und dort sei, erzählt man, Vater Dis[129] plötzlich mit seinem Wagen hervorgekommen und habe die aus dieser Gegend geraubte Jungfrau mit sich fortgenommen und sei mit einem Mal nicht weit von Syrakus unter die Erde gefahren, und an dieser Stelle sei plötzlich ein See entstanden, wo bis auf die heutige Zeit die Syrakusaner Festtage alljährlich feiern unter größter Beteiligung von Männern und Frauen. **49** Wegen des Alters dieses Glaubens und weil sich in dieser Gegend die Spuren und sozusagen die Wiegen dieser Gottheiten befinden, erweisen auf ganz Sizilien Privatpersonen und Gemeinden der Ceres von Henna eine ganz außerordentliche Verehrung. Denn viele Wunder bekunden oft ihr machtvolles Walten; in vielen äußerst schwierigen Lagen hat sich häufig ihre sofort wirkende Hilfe gezeigt, so daß sie diese Insel nicht nur zu lieben, sondern auch zu bewohnen und zu behüten scheint. (108) Und nicht nur die Sizilier, sondern auch die anderen Stämme und Völker verehren in hohem Maße die Ceres von Henna. Denn wenn man schon die religiösen Feiern der Athener[130] mit dem größten Verlangen aufsucht, zu denen Ceres auf ihrer Irrfahrt gekommen und den Getreideanbau gebracht haben soll, wie groß muß dann erst die religiöse Verehrung derer sein, bei denen sie nach allgemeiner Annahme geboren ist und den Getreideanbau erfunden hat? So wandte man sich zur Zeit unserer Väter, unter dem Konsulat des P. Mucius und L. Calpurnius,[131] in einer furchtbaren und schwierigen Lage unseres Staates, als nach der Ermordung des Tiberius Gracchus Wunderzeichen große drohende Gefahren ankündigten, um Rat an die Sibyllinischen Bücher.[132] Aus ihnen fand man heraus, daß man die uralte Ceres versöhnen solle. Darauf reisten Priester des römischen Volkes aus dem erlauchten Zehnmännerkollegium bis nach Henna, obwohl es in unserer Stadt einen sehr schönen und prächtigen Tempel der Ceres gab.[133] Denn so groß war das Ansehen und das Alter dieses Kultes, daß sie, als sie sich

religionis ut, cum illuc irent, non ad aedem Cereris sed ad ipsam Cererem proficisci viderentur. (109) Non obtundam diutius; etenim iam dudum vereor ne oratio mea aliena ab iudiciorum ratione et a cotidiana dicendi consuetudine esse videatur. Hoc dico, hanc ipsam Cererem antiquissimam, religiosissimam, principem omnium sacrorum quae apud omnis gentis nationesque fiunt, a C. Verre ex suis templis ac sedibus esse sublatam. Qui accessistis Hennam, vidistis simulacrum Cereris e marmore et in altero templo Liberae. Sunt ea perampla atque praeclara, sed non ita antiqua. Ex aere fuit quoddam modica amplitudine ac singulari opere cum facibus perantiquum, omnium illorum quae sunt in eo fano multo antiquissimum; id sustulit. Ac tamen eo contentus non fuit. (110) Ante aedem Cereris in aperto ac propatulo loco signa duo sunt, Cereris unum, alterum Triptolemi, pulcherrima ac perampla. Pulchritudo periculo, amplitudo saluti fuit, quod eorum demolitio atque asportatio perdifficilis videbatur. Insistebat in manu Cereris dextra grande simulacrum pulcherrime factum Victoriae; hoc iste e signo Cereris avellendum asportandumque curavit.

50 Qui tandem istius animus est nunc in recordatione scelerum suorum, cum ego ipse in commemoratione eorum non solum animo commovear verum etiam corpore perhorrescam? Venit enim mihi fani, loci, religionis illius in mentem; versantur ante oculos omnia, dies ille quo, cum ego Hennam venissem, praesto mihi sacerdotes Cereris cum infulis ac verbenis fuerunt, contio conventusque civium, in quo ego cum loquerer tanti fletus gemitusque fiebant ut acerbissimus tota urbe luctus versari videretur. (111) Non illi decumarum

dorthin begaben, nicht zum Tempel der Ceres, sondern zu Ceres selbst zu reisen meinten. (109) Ich will euch nicht länger damit in den Ohren liegen. Denn schon seit langem, fürchte ich, sieht es so aus, als ob meine Rede von dem vor Gericht üblichen Verfahren und der gewöhnlichen Redeweise abweicht. Nur das eine sage ich noch: eben diese Ceres, die uralte und hochheilige, die Stifterin aller Kulte, die es bei allen Stämmen und Völkern gibt, hat C. Verres aus ihrem Tempelbereich und ihrer Wohnstätte geraubt. Wer von euch schon nach Henna gekommen ist, der hat das marmorne Bildnis der Ceres und in einem anderen Tempel das der Libera gesehen. Es sind riesige und herrliche, aber gar nicht so alte Statuen. Es gab da auch eine aus Erz, von mäßiger Größe und einzigartiger künstlerischer Ausführung, mit Fackeln, ein sehr altes Werk, von allen, die in diesem Tempel sind, bei weitem das älteste; das nahm er weg. Und auch damit war er noch nicht zufrieden. (110) Vor dem Tempel der Ceres stehen auf einem offenen und freien Platz zwei Statuen, eine die Ceres, eine andere, die Triptolemos[134] darstellt, sehr schöne und große Werke. Die Schönheit bedeutete Gefahr für sie, die Größe aber Rettung, weil ihr Abbau und Abtransport sehr schwierig schien. Auf der rechten Hand der Ceres stand ein großes, wunderschön gearbeitetes Bildnis der Victoria. Das ließ Verres von der Statue der Ceres losreißen und wegschaffen.

50 Wie mag eigentlich Verres jetzt zumute sein bei der Erinnerung an seine Freveltaten, wenn selbst ich bei ihrer Erwähnung nicht nur in meinem Innern erbebe, sondern auch am ganzen Körper Schauder empfinde? Denn es kommt mir der Tempel, die Stätte, die religiöse Stimmung in den Sinn; mir steht alles vor Augen: der Tag, an dem nach meiner Ankunft in Henna die Priesterinnen der Ceres mit Binden und heiligen Zweigen[135] zu meinem Empfang bereitstanden, die versammelte Menge der Bürger, die während meiner Ansprache in solches Jammern und Wehklagen ausbrach, daß in der ganzen Stadt die schmerzlichste Trauer zu herrschen schien. (111) Nicht die willkürliche Auferlegung des Zehnten, nicht

imperia, non bonorum direptiones, non iniqua iudicia, non importunas istius libidines, non vim, non contumelias quibus vexati oppressique erant conquerebantur; Cereris numen, sacrorum vetustatem, fani religionem istius sceleratissimi atque audacissimi supplicio expiari volebant; omnia se cetera pati ac neglegere dicebant. Hic dolor erat tantus ut Verres alter Orcus venisse Hennam et non Proserpinam asportasse sed ipsam abripuisse Cererem videretur. Etenim urbs illa non urbs videtur, sed fanum Cereris esse; habitare apud sese Cererem Hennenses arbitrantur, ut mihi non cives illius civitatis, sed omnes sacerdotes, omnes accolae atque antistites Cereris esse videantur. (112) Henna tu simulacrum Cereris tollere audebas, Henna tu de manu Cereris Victoriam eripere et deam deae detrahere conatus es? quorum nihil violare, nihil attingere ausi sunt in quibus erant omnia quae sceleri propiora sunt quam religioni. Tenuerunt enim P. Popilio P. Rupilio consulibus illum locum servi, fugitivi, barbari, hostes; sed neque tam servi illi dominorum quam tu libidinum, neque tam fugitivi illi ab dominis quam tu ab iure et ab legibus, neque tam barbari lingua et natione illi quam tu natura et moribus, neque tam illi hostes hominibus quam tu dis immortalibus. Quae deprecatio est igitur ei reliqua qui indignitate servos, temeritate fugitivos, scelere barbaros, crudelitate hostes vicerit?

51 (113) Audistis Theodorum et Numenium et Nicasionem, legatos Hennensis, publice dicere sese a suis civibus haec habere mandata, ut ad Verrem adirent et eum simulacrum

die Plünderung des Hab und Gutes, nicht die ungerechten Entscheidungen, nicht seine rücksichtslosen Ausschweifungen, nicht die Gewalt, nicht die Kränkungen, mit denen man sie gequält und bedrückt hatte, beklagten sie: das göttliche Wirken der Ceres, die alten heiligen Bräuche, die sakrale Reinheit des Tempels wollten sie durch die Bestrafung dieses verbrecherischen und skrupellosen Schurken wiederhergestellt wissen; alles andere, sagten sie, nähmen sie hin und sähen es als unwichtig an. Dieser Schmerz war so groß, daß es schien, Verres sei als ein zweiter Orcus[136] nach Henna gekommen und habe nicht Proserpina entführt, sondern die Ceres selbst geraubt. Denn diese Stadt ist, wie man glaubt, nicht eine Stadt, sondern ein Heiligtum der Ceres. Die Hennenser glauben, Ceres wohne bei ihnen, so daß es mir so vorkommt, als seien sie nicht Bürger dieser Gemeinde, sondern allesamt Priester, allesamt Nachbarn und Tempelhüter der Ceres. (112) Aus Henna wagtest du das Bildnis der Ceres wegzunehmen, aus Henna erdreistetest du dich aus der Hand der Ceres die Victoria zu rauben und der Göttin die Göttin zu entreißen? Davon wagten die nichts zu entweihen, nichts anzurühren, bei denen alles vorhanden war, was verbrecherischer Tat nähersteht als Ehrfurcht vor Gott. Denn unter dem Konsulat des P. Popilius und P. Rupilius[137] hielten den Ort Sklaven, entlaufenes Gesindel, Barbaren, Feinde besetzt. Doch sie waren nicht so sehr Sklaven ihrer Herren wie du Sklave deiner Begierden, noch so weit von ihren Herren weggelaufen wie du von Recht und Gesetz, noch so barbarisch durch Sprache und Geburt wie du durch Wesensart und Charakter, noch den Menschen so feindlich wie du den unsterblichen Göttern. Welcher Gnadenweg bleibt also dem noch, der an Gemeinheit die Sklaven, an Verwegenheit das entlaufene Gesindel, an Frevelmut die Barbaren, an Grausamkeit die Feinde übertroffen hat?

51 (113) Ihr habt den Theodoros und Numenios und Nikasion, die Gesandten von Henna, von Amts wegen sagen hören: sie hätten von ihren Mitbürgern den Auftrag, Verres aufzusuchen und von ihm die Bildnisse der Ceres und der

Cereris et Victoriae reposcerent; id si impetrassent, tum ut morem veterem Hennensium conservarent, publice in eum, tametsi vexasset Siciliam, tamen, quoniam haec a maioribus instituta accepissent, testimonium ne quod dicerent; sin autem ea non reddidisset, tum ut in iudicio adessent, tum ut de eius iniuriis iudices docerent, sed maxime de religione quererentur. Quas illorum querimonias nolite, per deos immortalis, aspernari, nolite contemnere ac neglegere, iudices! Aguntur iniuriae sociorum, agitur vis legum, agitur existimatio veritasque iudiciorum. Quae sunt omnia permagna, verum illud maximum: tanta religione obstricta tota provincia est, tanta superstitio ex istius facto mentis omnium Siculorum occupavit ut quaecumque accidant publice privatimque incommoda propter eam causam sceleris istius evenire videantur. (114) Audistis Centuripinos, Agyrinensis, Catinensis, Aetnensis, Herbitensis complurisque alios publice dicere quae solitudo esset in agris, quae vastitas, quae fuga aratorum, quam deserta, quam inculta, quam relicta omnia. Ea tametsi multis istius et variis iniuriis acciderunt, tamen haec una causa in opinione Siculorum plurimum valet, quod Cerere violata omnis cultus fructusque Cereris in iis locis interisse arbitrantur. Medemini religioni sociorum, iudices, conservate vestram; neque enim haec externa vobis est religio neque aliena; quodsi esset, si suscipere eam nolletis tamen in eo qui violasset sancire vos velle oporteret. (115) Nunc vero in communi omnium gentium religione, inque iis sacris quae maiores nostri ab exteris nationibus

Victoria zurückzuverlangen; wenn sie das durchsetzten, dann sollten sie sich an einen alten Brauch der Hennenser halten und im Namen der Gemeinde, auch wenn der Mann Sizilien mißhandelt habe, dennoch, da sie diese Grundsätze von ihren Vorfahren überkommen hätten, keine Zeugenaussage gegen ihn machen; wenn er aber die Bildnisse nicht zurückgebe, dann sollten sie vor Gericht auftreten, dann die Richter über seine Rechtsverletzungen unterrichten, sich jedoch besonders über den Religionsfrevel beschweren. Diese ihre Beschwerden, weist sie – bei den unsterblichen Göttern! – nicht zurück, mißachtet und überseht sie nicht, ihr Richter! Es geht um die Übergriffe gegen die Bundesgenossen, es geht um die Macht der Gesetze, es geht um den Ruf und die Unparteilichkeit der Gerichte. Dies alles ist sehr wichtig, doch das wichtigste ist folgendes: in solche Gewissensangst ist die ganze Provinz verstrickt, solche religiöse Furcht hat seit der Tat des Verres die Gedanken aller Sizilier ergriffen, daß sie glauben, alles Unheil, das den Gemeinden und einzelnen Personen widerfahre, geschehe aus diesem Grunde, wegen seines Verbrechens. (114) Ihr habt gehört, daß die Leute aus Centuripae, Agyrion, Catina, Ätna und Herbita[138] sowie mehrere andere im Auftrag der Gemeinde erklärten, welche Leere auf den Feldern herrsche, welche Öde, wie die Landwirte geflohen seien, wie wüst, wie unbebaut, wie verlassen alles sei. Wenn dies auch durch viele verschiedenartige Übergriffe des Verres geschehen ist,[139] so hat doch nach der Meinung der Sizilier diese eine Ursache das größte Gewicht: sie glauben, daß wegen der Beleidigung der Ceres der gesamte Anbau und Ernteertrag der Ceres in diesen Gegenden zugrunde gegangen sei. Helft dem Kult der Bundesgenossen, ihr Richter, erhaltet euch euren eigenen; denn das ist für euch kein auswärtiger, kein fremder Kultdienst. Selbst wenn er das wäre, selbst wenn ihr ihn nicht übernehmen wolltet, so müßtet ihr doch entschlossen sein, ihn gegenüber dem, der ihn verletzt hat, zu schützen. (115) Jetzt aber bei einem Kult, der allen Völkern gemeinsam ist, und bei Riten, die unsere Vorfahren von auswärtigen

adscita atque arcessita coluerunt, – quae sacra, ut erant re vera, sic appellari Graeca voluerunt, – neglegentes ac dissoluti si cupiamus esse, qui possumus?

52 Unius etiam urbis omnium pulcherrimae atque ornatissimae, Syracusarum, direptionem commemorabo et in medium proferam, iudices, ut aliquando totam huius generis orationem concludam atque definiam. Nemo fere vestrum est quin quem ad modum captae sint a M. Marcello Syracusae saepe audierit, non numquam etiam in annalibus legerit. Conferte hanc pacem cum illo bello, huius praetoris adventum cum illius imperatoris victoria, huius cohortem impuram cum illius exercitu invicto, huius libidines cum illius continentia: ab illo qui cepit conditas, ab hoc qui constitutas accepit captas dicetis Syracusas. (116) Ac iam illa omitto quae disperse a me multis in locis dicentur ac dicta sunt, forum Syracusanorum, quod introitu Marcelli purum a caede servatum est, id adventu Verris Siculorum innocentium sanguine redundasse, portum Syracusanorum, qui tum et nostris classibus et Carthaginiensium clausus fuisset, eum isto praetore Cilicum myoparoni praedonibusque patuisse; mitto adhibitam vim ingenuis, matres familias violatas, quae tum in urbe capta commissa non sunt neque odio hostili neque licentia militari neque more belli neque iure victoriae; mitto, inquam, haec omnia, quae ab isto per triennium perfecta sunt; ea quae coniuncta cum illis rebus sunt de quibus antea dixi cognoscite.

(117) Urbem Syracusas maximam esse Graecarum, pulcher-

Völkern übernommen, eingeführt und bei sich gepflegt haben, bei Riten, die sie, wie es sich ja auch in Wahrheit verhielt, die griechischen genannt wissen wollten[140] – wie könnten wir da, selbst wenn wir es wollten, nachlässig und gleichgültig sein?

52 Noch von *einer* Stadt, der allerschönsten und prachtvollsten, von Syrakus, wie sie ausgeplündert wurde, will ich berichten und es zur Sprache bringen, ihr Richter, damit ich endlich meine ganze Rede über dieses Thema abschließe und beende. Es gibt wohl niemand unter euch, der nicht oft gehört und bisweilen auch in Geschichtswerken gelesen hat, wie Syrakus von M. Marcellus erobert worden ist. Vergleicht den jetzigen Frieden mit dem damaligen Krieg, die Ankunft dieses Prätors mit dem Siege jenes Feldherrn, das unsaubere Gefolge des Angeklagten mit dem unbesiegten Heere jenes Mannes, die Begierden des Verres mit der Zurückhaltung des Marcellus: von jenem, der Syrakus erobert hat, werdet ihr sagen, er habe es gegründet, von diesem hier, der es in wohlgeordnetem Zustand übernommen hat, er habe es erobert. (116) Und für jetzt lasse ich beiseite, was ich verstreut an vielen Stellen sagen werde und gesagt habe[141]: daß der Marktplatz von Syrakus, der beim Einmarsch des Marcellus von jedem Blutbad rein bewahrt wurde, bei der Ankunft des Verres vom Blut unschuldiger Sizilier überfloß; daß der Hafen von Syrakus, der damals unseren Flotten sowie denen der Karthager verschlossen gewesen war, während der Prätur des Verres kilikischen Kaperschiffen und Seeräubern offenstand; ich lasse beiseite die an Freigeborenen geübte Gewalt, die Schändung verheirateter Frauen – Dinge, die damals in der eroberten Stadt nicht geschehen sind, weder aus feindlichem Haß noch infolge der Zügellosigkeit der Soldaten, noch nach Kriegsbrauch, noch nach dem Recht des Sieges; ich lasse, sage ich, dies alles beiseite, was Verres drei Jahre lang begangen hat: nur über das, was mit den Dingen zusammenhängt, über die ich vorher gesprochen habe, laßt euch unterrichten.

(117) Die Stadt Syrakus ist die größte und schönste aller

rimam omnium saepe audistis. Est, iudices, ita ut dicitur. Nam et situ est cum munito tum ex omni aditu vel terra vel mari praeclaro ad aspectum, et portus habet prope in aedificatione amplexuque urbis inclusos; qui cum diversos inter se aditus habeant, in exitu coniunguntur et confluunt. Eorum coniunctione pars oppidi quae appellatur Insula, mari disiuncta angusto, ponte rursus adiungitur et continetur. **53** (118) Ea tanta est urbs ut ex quattuor urbibus maximis constare dicatur; quarum una est ea quam dixi Insula, quae duobus portibus cincta in utriusque portus ostium aditumque proiecta est; in qua domus est quae Hieronis regis fuit, qua praetores uti solent. In ea sunt aedes sacrae complures, sed duae quae longe ceteris antecellant, Dianae, et altera, quae fuit ante istius adventum ornatissima, Minervae. In hac insula extrema est fons aquae dulcis, cui nomen Arethusa est, incredibili magnitudine, plenissimus piscium, qui fluctu totus operiretur nisi munitione ac mole lapidum diiunctus esset a mari. (119) Altera autem est urbs Syracusis, cui nomen Achradina est; in qua forum maximum, pulcherrimae porticus, ornatissimum prytanium, amplissima est curia templumque egregium Iovis Olympii ceteraeque urbis partes, quae una via lata perpetua multisque transversis divisae privatis aedificiis continentur. Tertia est urbs quae, quod in ea parte Fortunae fanum antiquum fuit, Tycha nominata est; in qua gymnasium amplissimum est et complures aedes sacrae, coliturque ea pars et habitatur frequentissime. Quarta autem est quae, quia postrema coaedificata est, Neapolis nominatur; quam ad summam theatrum maximum, praete-

Griechenstädte, wie ihr oft gehört habt. Sie ist so, ihr Richter, wie sie beschrieben wird. Denn sie hat eine Lage, die nicht nur geschützt ist, sondern von jeder Seite, von der man kommt, vom Lande oder vom Meer, einen herrlichen Anblick bietet, und besitzt Häfen, die von den umgebenden Bauten der Stadt fast eingeschlossen sind. Die Häfen haben zwar untereinander verschiedene Eingänge, am Ende[142] aber vereinigen sie sich und fließen zusammen. Durch ihre Vereinigung wird ein Stadtteil, der Insel heißt,[143] durch einen schmalen Meeresarm abgetrennt und wiederum durch eine Brücke mit dem Festland fest verbunden. **53** (118) Die Stadt ist so groß, daß man sagt, sie bestehe aus vier großen Städten. Eine von ihnen ist die von mir genannte Insel, die sich, von zwei Häfen umgeben, bis zur Mündung und Einfahrt beider Häfen[144] erstreckt. Auf ihr befindet sich der Palast, der dem König Hieron gehörte, den die Prätoren zu bewohnen pflegen. Auf ihr gibt es mehrere Heiligtümer, jedoch zwei, die die übrigen bei weitem übertreffen: das der Diana und als zweites das der Minerva, das vor der Ankunft des Verres mit besonders reichem Schmuck ausgestattet war. Am Ende dieser Insel ist eine Süßwasserquelle, die den Namen Arethusa trägt, unglaublich groß und voll von Fischen; sie würde ganz von den Meereswogen zugedeckt, wenn sie nicht durch einen starken Steinwall vom Meer getrennt wäre. (119) Die zweite Stadt in Syrakus ist die, die den Namen Achradina trägt. Dort befinden sich ein sehr großer Marktplatz, wunderschöne Säulenhallen, ein reichgeschmücktes Prytaneion[145], ein sehr geräumiges Rathaus und ein prachtvoller Tempel des olympischen Jupiter; die übrigen Stadtteile, die durch eine breite fortlaufende Hauptstraße und viele Querstraßen voneinander getrennt sind, werden von Privathäusern eingenommen. Die dritte Stadt ist die, die Tycha heißt, weil dort ein alter Tempel der Glücksgöttin stand.[146] Hier befindet sich ein sehr großes Gymnasium sowie mehrere Heiligtümer, und dieser Teil ist am dichtesten bebaut und bevölkert. Die vierte Stadt ist die, die, weil zuletzt erbaut, Neapolis[147] heißt. In ihrem höchstgelegenen Teil befinden sich ein riesiges

rea duo templa sunt egregia, Cereris unum, alterum Liberae, signumque Apollinis, qui Temenites vocatur, pulcherrimum et maximum; quod iste si portare potuisset, non dubitasset auferre.

54 (120) Nunc ad Marcellum revertar, ne haec a me sine causa commemorata esse videantur. Qui cum tam praeclaram urbem vi copiisque cepisset, non putavit ad laudem populi Romani hoc pertinere, hanc pulchritudinem, ex qua praesertim periculi nihil ostenderetur, delere et exstinguere. Itaque aedificiis omnibus, publicis privatis, sacris profanis, sic pepercit quasi ad ea defendenda cum exercitu, non oppugnanda venisset. In ornatu urbis habuit victoriae rationem, habuit humanitatis; victoriae putabat esse multa Romam deportare quae ornamento urbi esse possent, humanitatis non plane exspoliare urbem, praesertim quam conservare voluisset. (121) In hac partitione ornatus non plus victoria Marcelli populo Romano adpetivit quam humanitas Syracusanis reservavit. Romam quae adportata sunt, ad aedem Honoris et Virtutis itemque aliis in locis videmus. Nihil in aedibus, nihil in hortis posuit, nihil in suburbano; putavit, si urbis ornamenta domum suam non contulisset, domum suam ornamento urbi futuram. Syracusis autem permulta atque egregia reliquit; deum vero nullum violavit, nullum attigit. Conferte Verrem, non ut hominem cum homine comparetis, ne qua tali viro mortuo fiat iniuria, sed ut pacem cum bello, leges cum vi, forum et iuris dictionem cum ferro et armis, adventum et comitatum cum exercitu et victoria conferatis.

Theater, ferner zwei prachtvolle Tempel (der eine ist der Ceres, der andere der Libera geweiht) sowie ein Standbild des Apoll, das Temenites[148] genannt wird, ein sehr schönes und großes Werk. Wenn Verres es hätte fortschaffen können, er hätte es ohne Bedenken weggenommen.

54 (120) Jetzt will ich auf Marcellus zurückkommen, damit es nicht so aussieht, als hätte ich diese Einzelheiten ohne Grund erwähnt. Als Marcellus diese herrliche Stadt mit Heeresmacht eingenommen hatte, da glaubte er nicht, es diene dem Ruhm des römischen Volkes, diese Schönheit, von der zudem keinerlei Gefahr drohte, zu zerstören und auszulöschen. Daher schonte er alle Gebäude, öffentliche und private, geweihte und ungeweihte, so als ob er mit seinem Heere zu ihrer Verteidigung, nicht zur Erstürmung gekommen wäre. Bei den Schmuckgegenständen gab er dem Sieg sein Recht, aber auch der Menschlichkeit. Der Sieg berechtige dazu, glaubte er, vieles nach Rom zu schaffen, was der Stadt zum Schmuck dienen könne, die Menschlichkeit erfordere es, die Stadt Syrakus nicht völlig auszuplündern, zumal er sie hatte erhalten wollen. (121) Bei der Aufteilung der Schmuckgegenstände beanspruchte der Sieg des Marcellus nicht mehr für das römische Volk, als die Menschlichkeit den Syrakusanern bewahrte. Was nach Rom gebracht wurde, sehen wir beim Tempel des Honor und der Virtus[149] und ebenso an anderen Stellen. Marcellus stellte nichts in seinem Haus auf, nichts in seinen Gärten, nichts auf seinem Landgut vor der Stadt; er glaubte, wenn er die Schmuckgegenstände einer Stadt nicht in sein Haus brächte, dann werde sein Haus ein Schmuckstück der Stadt sein. In Syrakus aber ließ er sehr viele und hervorragende Stücke zurück; überdies hat er keinen Gott entweiht, keinen angerührt. Stellt daneben den Verres, nicht, um den Menschen mit dem Menschen zu vergleichen (denn dem bedeutenden Verstorbenen soll keine Kränkung widerfahren), sondern um den Frieden dem Kriege gegenüberzustellen, die Gesetze der Gewalt, den Markt und die Rechtsprechung dem Schwert und den Waffen, das Auftreten und das Gefolge dem Heere und Sieg.

55 (122) Aedis Minervae est in Insula, de qua ante dixi; quam Marcellus non attigit, quam plenam atque ornatam reliquit; quae ab isto sic spoliata atque direpta est non ut ab hoste aliquo, qui tamen in bello religionem et consuetudinis iura retineret, sed ut a barbaris praedonibus vexata esse videatur. Pugna erat equestris Agathocli regis in tabulis picta praeclare; iis autem tabulis interiores templi parietes vestiebantur. Nihil erat ea pictura nobilius, nihil Syracusis quod magis visendum putaretur. Has tabulas M. Marcellus, cum omnia victoria illa sua profana fecisset, tamen religione impeditus non attigit; iste, cum illa propter diuturnam pacem fidelitatemque populi Syracusani sacra religiosaque accepisset, omnis eas tabulas abstulit, parietes quorum ornatus tot saecula manserant, tot bella effugerant, nudos ac deformatos reliquit. (123) Et Marcellus qui, si Syracusas cepisset, duo templa se Romae dedicaturum voverat, is id quod erat aedificaturus iis rebus ornare quas ceperat noluit: Verres qui non Honori neque Virtuti, quem ad modum ille, sed Veneri et Cupidini vota deberet, is Minervae templum spoliare conatus est. Ille deos deorum spoliis ornari noluit, hic ornamenta Minervae virginis in meretriciam domum transtulit. Viginti et septem praeterea tabulas pulcherrime pictas ex eadem aede sustulit, in quibus erant imagines Siciliae regum ac tyrannorum, quae non solum pictorum artificio delectabant, sed etiam commemoratione hominum et cognitione formarum. Ac videte quanto taetrior hic tyrannus Syracusanis fuerit quam quisquam superiorum, quia, cum illi tamen ornarint

55 (122) Ein Tempel der Minerva steht auf der Insel, über die ich eben gesprochen habe; den hat Marcellus nicht angetastet, den hat er in seinem vollen Schmuck belassen. Der wurde von Verres so beraubt und ausgeplündert, daß es aussah, als ob ihn nicht ein Feind, der gleichwohl auch im Kriege den Kult und die Gewohnheitsrechte achten würde, sondern barbarische Räuber heimgesucht hätten. Es gab dort eine Reiterschlacht des Königs Agathokles[150], ein herrliches Gemälde. Mit solchen Gemälden waren nämlich die Innenwände des Tempels bedeckt. Nichts war berühmter als dieses Gemälde, nichts, was man in Syrakus für sehenswerter hielt. Obwohl M. Marcellus durch seinen Sieg allem die Weihe genommen hatte,[151] tastete er gleichwohl, durch religiöse Scheu gehindert, diese Bilder nicht an. Verres aber, der diese Werke wegen des langen Friedens und der Treue des syrakusanischen Volkes in geweihtem, heiligem Zustand angetroffen hatte, nahm alle die Bilder weg, ließ die Wände, deren Schmuck so viele Jahrhunderte überdauert, so viele Kriege unversehrt überstanden hatte, nackt und verunstaltet zurück. (123) Weiter hatte Marcellus gelobt, er werde, wenn er Syrakus erobere, zwei Tempel[152] in Rom weihen, und doch wollte er die Gebäude, die er errichten wollte, nicht mit den Dingen schmücken, die er erbeutet hatte; Verres dagegen, der nicht dem Honor und der Virtus wie Marcellus, sondern der Venus und dem Cupido Gelübde schuldete, hat es gewagt, den Tempel der Minerva auszuplündern. Marcellus wollte nicht Götter mit dem, was Göttern weggenommen, schmükken, Verres brachte die Schmuckstücke der Jungfrau Minerva in sein Dirnenhaus; er hat außerdem noch siebenundzwanzig sehr schöne Gemälde aus demselben Tempel weggenommen, darunter waren die Bildnisse der sizilischen Könige und Tyrannen, die nicht nur wegen der künstlerischen Fertigkeit der Maler Freude bereiteten, sondern auch, weil sie die Erinnerung an die Personen und die Kenntnis ihres Aussehens vermittelten. Und nun seht, ein wieviel scheußlicherer Tyrann Verres für die Syrakusaner gewesen ist als irgendeiner der früheren Herrscher; denn jene haben immerhin die Tem-

templa deorum immortalium, hic etiam illorum monumenta atque ornamenta sustulit.

56 (124) Iam vero quid ego de valvis illius templi commemorem? Vereor ne haec qui non viderunt omnia me nimis augere atque ornare arbitrentur; quod tamen nemo suspicari debet, tam esse me cupidum ut tot viros primarios velim, praesertim ex iudicum numero, qui Syracusis fuerint, qui haec viderint, esse temeritati et mendacio meo conscios. Confirmare hoc liquido, iudices, possum, valvas magnificentiores, ex auro atque ebore perfectiores, nullas umquam ullo in templo fuisse. Incredibile dictu est quam multi Graeci de harum valvarum pulchritudine scriptum reliquerint. Nimium forsitan haec illi mirentur atque efferant; esto; verum tamen honestius est rei publicae nostrae, iudices, ea quae illis pulchra esse videantur imperatorem nostrum in bello reliquisse quam praetorem in pace abstulisse. Ex ebore diligentissime perfecta argumenta erant in valvis; ea detrahenda curavit omnia. Gorgonis os pulcherrimum cinctum anguibus revellit atque abstulit, et tamen indicavit se non solum artificio sed etiam pretio quaestuque duci; nam bullas aureas omnis ex iis valvis, quae erant multae et graves, non dubitavit auferre; quarum iste non opere delectabatur sed pondere. Itaque eius modi valvas reliquit ut quae olim ad ornandum templum erant maxime nunc tantum ad claudendum factae esse videantur.

(125) Etiamne gramineas hastas – vidi enim vos in hoc nomine, cum testis diceret, commoveri: quod erant eius modi ut semel vidisse satis esset, (in quibus neque manu factum quicquam neque pulchritudo erat ulla, sed tantum ma-

pel der unsterblichen Götter ausgeschmückt, Verres dagegen hat selbst deren Denkmäler und Schmuckstücke beseitigt.

56 (124) Und was soll ich nun erst von den Flügeltüren dieses Tempels berichten? Ich fürchte, wer alle diese Dinge nicht gesehen hat, wird glauben, daß ich alles zu sehr aufbausche und ausschmücke. Doch niemand sollte argwöhnen, ich sei so leidenschaftlich, daß ich so viele hervorragende Männer, zumal aus der Zahl der Richter, die in Syrakus gewesen sind, die diese Dinge gesehen haben, zu Zeugen eines leichtfertigen Lügenmärchens machen wollte. Ohne Bedenken kann ich versichern, ihr Richter: prächtigere, vollkommener aus Gold und Elfenbein gearbeitete Flügeltüren hat es niemals an einem Tempel gegeben. Unglaublich klingt es, wie viele Griechen Berichte über die Schönheit dieser Flügeltüren hinterlassen haben. Vielleicht bewundern und preisen sie diese Dinge allzusehr, das mag sein; doch ist es ehrenvoller für unseren Staat, ihr Richter, daß unser Feldherr im Kriege zurückgelassen, was ihnen schön erscheint, als daß es der Prätor im Frieden geraubt hat. Sehr sorgfältig gearbeitete Darstellungen aus Elfenbein befanden sich an den Türflügeln; die ließ er alle abnehmen. Ein sehr schönes, von Schlangen umringeltes Haupt der Gorgo[153] riß er los und schaffte es weg, und bei alledem verriet er deutlich, daß er sich nicht nur von dem Kunstwert, sondern auch vom Geldwert und von Gewinnsucht leiten ließ. Denn alle goldenen Buckel, die sich in großer Zahl an den Türflügeln befanden und schwer waren, nahm er ohne Bedenken mit; bei ihnen reizte ihn nicht die künstlerische Ausführung, sondern das Gewicht. Und so ließ er die Türflügel, die einst in erster Linie zum Schmuck des Tempels gedient hatten, in einem Zustand zurück, daß sie jetzt nur noch zum Schließen gemacht zu sein scheinen.

(125) Selbst die Bambusstäbe – ich habe nämlich gesehen, daß ihr bei diesem Wort gestutzt habt, als der Zeuge davon sprach; denn sie waren ja so, daß es genügte, sie einmal gesehen zu haben; an ihnen war nichts mit der Hand Gearbeitetes noch irgend etwas Schönes, sondern sie waren nur von

gnitudo incredibilis de qua vel audire satis esset, nimium videre plus quam semel,) etiam id concupisti?

57 (126) Nam Sappho quae sublata de prytanio est dat tibi iustam excusationem, prope ut concedendum atque ignoscendum esse videatur. Silanionis opus tam perfectum, tam elegans, tam elaboratum quisquam non modo privatus sed populus potius haberet quam homo elegantissimus atque eruditissimus, Verres? Nimirum contra dici nihil potest. Nostrum enim unus quisque, qui tam beati quam iste est non sumus, tam delicati esse non possumus, si quando aliquid istius modi videre volet, eat ad aedem Felicitatis, ad monumentum Catuli, in porticum Metelli, det operam ut admittatur in alicuius istorum Tusculanum, spectet forum ornatum, si quid iste suorum aedilibus commodarit: Verres haec habeat domi, Verres ornamentis fanorum atque oppidorum habeat plenam domum, villas refertas. Etiamne huius operari studia ac delicias, iudices, perferetis? qui ita natus, ita educatus est, ita factus et animo et corpore ut multo appositior ad ferenda quam ad auferenda signa esse videatur. (127) Atque haec Sappho sublata quantum desiderium sui reliquerit, dici vix potest. Nam cum ipsa fuit egregie facta, tum epigramma Graecum pernobile incisum est in basi, quod iste eruditus homo et Graeculus, qui haec subtiliter iudicat, qui solus intellegit, si unam litteram Graecam scisset, certe una sustulisset. Nunc enim quod scriptum est inani in basi declarat quid fuerit, et id ablatum indicat.

einer unglaublichen Größe, von der auch nur zu hören schon genug, sie mehr als einmal zu sehen allzuviel wäre – selbst die hast du unbedingt haben wollen!

57 (126) Freilich die Sappho, die du aus dem Prytaneion weggenommen hast, gibt dir einen triftigen Grund zur Entschuldigung, so daß man, scheint es, fast Nachsicht haben und dir Verzeihung gewähren muß. Ein so vollendetes, so geschmackvolles, so sorgfältig gearbeitetes Werk des Silanion[154] sollte, ich will nicht sagen ein Privatmann, sondern eine Gemeinde eher besitzen als ein so kunstsinniger und hochgebildeter Mann wie Verres? Dagegen läßt sich natürlich nichts sagen. Denn wir alle, die wir nicht so wohlhabend sind wie er, wir können uns einen solchen Luxus nicht leisten. Wenn einmal einer von uns so etwas sehen will, dann mag er zum Tempel der Felicitas[155] gehen, zum Denkmal des Catulus,[156] in die Säulenhalle des Metellus,[157] er mag sich darum bemühen, Zutritt in das Tusculanum[158] eines der feinen Herren zu erhalten, er mag das geschmückte Forum[159] besichtigen, wenn Verres etwas von seinen Schätzen den Ädilen geliehen hat; ein Verres aber mag derlei in seinem Hause haben, ein Verres mag eine Stadtwohnung und Landhäuser besitzen, die mit den Schmuckstücken von Tempeln und Städten vollgestopft sind. Wollt ihr noch länger die Neigungen und Liebhabereien dieses Handlangers ertragen, ihr Richter? Der so von Geburt, so durch Erziehung, so an Leib und Seele beschaffen ist, daß er weit besser zum Schleppen als zum Verschleppen von Statuen geeignet zu sein scheint. (127) Und welches Gefühl der Sehnsucht diese geraubte Sappho hinterlassen hat, läßt sich kaum sagen. Denn das Bildnis selbst war hervorragend gearbeitet; dazu ist auf dem Sockel ein hochberühmtes griechisches Epigramm eingraviert, das unser Kenner und Griechenfreund, der genau darüber zu urteilen weiß, der allein etwas davon versteht, bestimmt gleichfalls mitgenommen hätte, wenn er auch nur einen griechischen Buchstaben kennte. Denn jetzt enthüllt die Schrift auf dem leeren Sockel, was dort gestanden hat, und zeigt den Raub an.

Quid? signum Paeanis ex aede Aesculapi praeclare factum, sacrum ac religiosum, non sustulisti? quod omnes propter pulchritudinem visere, propter religionem colere solebant. (128) Quid? ex aede Liberi simulacrum Aristaei non tuo imperio palam ablatum est? Quid? ex aede Iovis religiosissimum simulacrum Iovis Imperatoris, quem Graeci Urion nominant, pulcherrime factum nonne abstulisti? Quid? ex aede Liberae parvum caput illud pulcherrimum, quod visere solebamus, num dubitasti tollere? Atque ille Paean sacrificiis anniversariis simul cum Aesculapio apud illos colebatur; Aristaeus, qui [ut Graeci ferunt Liberi filius] inventor olei esse dicitur, una cum Libero patre apud illos eodem erat in templo consecratus. **58** (129) Iovem autem Imperatorem quanto honore in suo templo fuisse arbitramini? Conicere potestis, si recordari volueritis quanta religione fuerit eadem specie ac forma signum illud quod ex Macedonia captum in Capitolio posuerat *T.* Flamininus. Etenim tria ferebantur in orbe terrarum signa Iovis Imperatoris uno in genere pulcherrime facta, unum illud Macedonicum quod in Capitolio vidimus, alterum in Ponti ore et angustiis, tertium quod Syracusis ante Verrem praetorem fuit. Illud Flamininus ita ex aede sua sustulit ut in Capitolio, hoc est in terrestri domicilio Iovis poneret. (130) Quod autem est ad introitum Ponti, id, cum tam multa ex illo mari bella emerserint, tam multa porro in Pontum invecta sint, usque ad hanc diem integrum inviolatumque servatum est. Hoc tertium, quod erat Syracusis, quod M. Marcellus armatus et victor viderat, quod religioni concesserat, quod cives atque incolae colere, advenae non

Wie? Hast du nicht aus dem Tempel des Äskulap die herrlich gearbeitete, heilige und verehrungswürdige Statue des Päan[160] entwendet? Diese pflegten alle wegen ihrer Schönheit zu besichtigen, wegen ihrer Heiligkeit zu verehren. (128) Wie? Hat man nicht aus dem Tempel des Liber[161] auf deinen Befehl in aller Öffentlichkeit das Bildnis des Aristaios[162] entwendet? Wie? Hast du nicht aus dem Tempel des Jupiter das hochheilige Bildnis des Jupiter Imperator, den die Griechen Urios nennen,[163] eine wunderschöne Arbeit, entwendet? Wie? Hast du etwa Bedenken gehabt, aus dem Tempel der Libera den kleinen, wunderschönen Kopf zu entwenden, den wir oft besichtigt haben? Und der Päan wurde bei den Syrakusanern zugleich mit Äskulap mit alljährlichen Opferfesten verehrt; Aristaios, der Erfinder des Ölbaums, wie es heißt, war bei ihnen zusammen mit seinem Vater Liber in demselben Tempel geweiht. **58** (129) Welche Ehre aber, glaubt ihr, hat erst der Jupiter Imperator in seinem Tempel genossen? Ihr könnt eine Vorstellung davon gewinnen, wenn ihr euch ins Gedächtnis zurückrufen wollt, welche religiöse Verehrung die Statue von gleicher Art und Gestalt genossen hat, die T. Flamininus[164] in Makedonien erbeutet und auf dem Kapitol aufgestellt hatte. Es gab nämlich, wie man erzählte, auf der Welt drei gleichartige, sehr schön gearbeitete Statuen des Jupiter Imperator: die eine, die makedonische, die wir auf dem Kapitol gesehen haben;[165] die zweite steht an der engen Einfahrt in den Pontus;[166] die dritte ist die, die sich vor der Prätur des Verres in Syrakus befand. Flamininus hat jene Statue zwar aus ihrem Tempel weggenommen, aber nur, um sie auf dem Kapitol, das heißt in der irdischen Wohnung des Jupiter, aufzustellen. (130) Die Statue aber, die an der Einfahrt in den Pontus steht, ist bis auf den heutigen Tag unangetastet und unversehrt geblieben, obwohl so viele Kriege aus diesem Meer hervorgebrochen und andererseits so viele in den Pontus eingedrungen sind. Die dritte, die in Syrakus stand, die M. Marcellus als bewaffneter Sieger gesehen, die er der religiösen Verehrung gelassen hatte, die die Bürger und Einwohner anzubeten, die Fremden nicht nur zu

solum visere verum etiam venerari solebant, id C. Verres ex templo Iovis sustulit. (131) Ut saepius ad Marcellum revertar, iudices, sic habetote, pluris esse a Syracusanis istius adventu deos quam victoria Marcelli homines desideratos. Etenim ille requisisse etiam dicitur Archimedem illum, summo ingenio hominem ac disciplina, quem cum audisset interfectum permoleste tulisse: iste omnia quae requisivit, non ut conservaret verum ut asportaret requisivit.

59 Iam illa quae leviora videbuntur ideo praeteribo, quod mensas Delphicas e marmore, crateras ex aere pulcherrimas, vim maximam vasorum Corinthiorum ex omnibus aedibus sacris abstulit Syracusis. (132) Itaque, iudices, ii qui hospites ad ea quae visenda sunt solent ducere et unum quidque ostendere, – quos illi mystagogos vocant, – conversam iam habent demonstrationem suam. Nam ut ante demonstrabant quid ubique esset, item nunc quid undique ablatum sit ostendunt.

Quid tum? mediocrine tandem dolore eos adfectos esse arbitramini? Non ita est, iudices, primum quod omnes religione moventur et deos patrios quos a maioribus acceperunt colendos sibi diligenter et retinendos esse arbitrantur; deinde hic ornatus, haec opera atque artificia, signa, tabulae pictae Graecos homines nimio opere delectant. Itaque ex illorum querimoniis intellegere possumus haec illis acerbissima videri quae forsitan nobis levia et contemnenda esse videantur. Mihi credite, iudices, – tametsi vosmet ipsos haec eadem audire certo scio, – cum multas acceperint per hosce annos socii atque exterae nationes calamitates et iniurias, nullas Graeci homines gravius ferunt ac tulerunt quam huiusce modi spoliationes fanorum atque oppidorum. (133) Licet

besichtigen, sondern auch zu verehren pflegten, die hat C. Verres aus dem Tempel des Jupiter entwendet. (131) Um noch öfter auf Marcellus zurückzukommen, ihr Richter, so wißt, daß die Syrakusaner nach dem Aufenthalt des Verres mehr Götter als nach dem Siege des Marcellus Menschen vermißt haben. Denn der habe, heißt es, sogar nach Archimedes, dem hochbegabten Gelehrten, suchen lassen und sei sehr bestürzt gewesen, als er hörte, er sei getötet worden.[167] Verres dagegen hat alles, was er suchen ließ, nicht gesucht, um es zu erhalten, sondern um es wegzuschaffen.

59 Ich will jetzt das, was zu unbedeutend erscheinen könnte, übergehen: daß er delphische Tische aus Marmor,[168] wunderschöne Mischkrüge aus Erz und eine riesige Menge von korinthischen Gefäßen aus allen Heiligtümern in Syrakus entwendet hat. (132) Daher haben diejenigen, ihr Richter, die die Fremden zu den Sehenswürdigkeiten zu führen und ihnen eine jede zu zeigen pflegen – man nennt sie dort Mystagogen[169] – nunmehr bei ihrer Erklärung die umgekehrte Aufgabe. Denn wie sie vorher erklärten, was überall vorhanden war, so zeigen sie jetzt, was überall entwendet worden ist.

Was weiter? Glaubt ihr etwa, den Menschen dort sei nur ein geringer Schmerz angetan worden? Dem ist nicht so, ihr Richter: denn erstens sind alle religiös gesonnen und glauben, sie müßten die einheimischen Götter, die sie von den Vorfahren überkommen haben, gewissenhaft verehren und beibehalten; sodann bereiten dieser Schmuck, diese Kunstwerke, Statuen und Gemälde den Griechen eine außergewöhnliche Freude. Wir können daher aus ihren Klagen ersehen, daß ihnen sehr bitter erscheint, was uns vielleicht als unbedeutend und nicht beachtenswert vorkommt. Glaubt mir, ihr Richter (freilich weiß ich genau, daß ihr selbst schon dasselbe gehört habt): die Bundesgenossen und auswärtigen Völkerschaften haben zwar während dieser Jahre viele Mißhandlungen und Ungerechtigkeiten erlitten, keine aber sind und waren für die Griechen bedrückender als derartige Plünderungen von Tempeln und Städten. (133) Verres mag be-

iste dicat emisse se, sicuti solet dicere, credite hoc mihi, iudices: nulla umquam civitas tota Asia et Graecia signum ullum, tabulam pictam *ullam*, ullum denique ornamentum urbis sua voluntate cuiquam vendidit; nisi forte existimatis, posteaquam iudicia severa Romae fieri desierunt, Graecos homines haec venditare coepisse, quae tum non modo non venditabant, cum iudicia fiebant, verum etiam coemebant; aut nisi arbitramini L. Crasso, Q. Scaevolae, C. Claudio, potentissimis hominibus, quorum aedilitates ornatissimas vidimus, commercium istarum rerum cum Graecis hominibus non fuisse, iis qui post iudiciorum dissolutionem aediles facti sunt fuisse.

60 (134) Acerbiorem etiam scitote esse civitatibus falsam istam et simulatam emptionem quam si qui clam surripiat aut eripiat palam atque auferat; nam turpitudinem summam esse arbitrantur referri in tabulas publicas pretio adductam civitatem, et pretio parvo, ea quae accepisset a maioribus vendidisse atque abalienasse. Etenim mirandum in modum Graeci rebus istis, quas nos contemnimus, delectantur. Itaque maiores nostri facile patiebantur haec esse apud illos quam plurima: apud socios, ut imperio nostro quam ornatissimi florentissimique essent; apud eos autem quos vectigalis aut stipendiarios fecerant tamen haec relinquebant, ut illi, quibus haec iucunda sunt quae nobis levia videntur, haberent haec oblectamenta et solacia servitutis. (135) Quid arbitramini Reginos, qui iam cives Romani sunt, merere velle ut ab iis marmorea Venus illa auferatur? quid Tarentinos, ut Euro-

haupten, wie er es zu tun pflegt, er habe diese Sachen gekauft; doch glaubt mir, ihr Richter: keine Gemeinde in ganz Asien und Griechenland hat jemals irgendeine Statue, irgendein Gemälde, überhaupt irgendein Schmuckstück ihrer Stadt freiwillig an jemanden verkauft. Denn ihr wollt doch nicht etwa annehmen, daß die Griechen, nachdem in Rom keine strengen Gerichtsurteile mehr gefällt wurden,[170] solche Sachen zu verkaufen begonnen hätten, die sie vorher, als es noch wirkliche Gerichte gab, nicht verkauften, sondern sogar aufzukaufen suchten. Oder ihr müßtet denn glauben, L. Crassus, Q. Scaevola[171] und C. Claudius[172], äußerst vermögende Männer, deren Ädilenamt wir in größtem Glanz erlebt haben, hätten in diesen Dingen keinen Geschäftsverkehr mit den Griechen gehabt, wohl aber die Leute, die nach dem Verfall der Gerichtsbarkeit Ädilen geworden sind.

60 (134) Für die Gemeinden, müßt ihr wissen, war solch ein unechter und vorgeschützter Kauf noch bitterer, als wenn jemand heimlich etwas stiehlt oder in aller Öffentlichkeit raubt und wegnimmt. Denn es sei die größte Schande, glauben sie, wenn in den öffentlichen Büchern die Eintragung stehe, die Gemeinde habe sich durch einen Geldbetrag, und noch dazu durch einen kleinen, verleiten lassen, die Gegenstände, die sie von den Vorfahren überkommen habe, zu verkaufen und zu veräußern. Denn die Griechen haben in einem erstaunlichen Maße an diesen Dingen, auf die wir keinen besonderen Wert legen, ihre Freude. Daher ließen unsere Vorfahren es gern zu, daß derlei Dinge sich bei jenen in möglichst großer Zahl befinden: bei den mit uns Verbündeten, damit sie unter unserer Herrschaft in möglichst großem Schmuck prangten; denen aber, die sie steuer- oder abgabenpflichtig gemacht hatten, beließen sie gleichwohl diese Dinge, damit sie, denen derlei Freude bereitet, während es bei uns kein Gewicht hat, daran einen angenehmen Zeitvertreib und einen Trost für ihre Knechtschaft fänden. (135) Was, glaubt ihr, würden die Reginer[173], die bereits römische Bürger sind, für die Erlaubnis verlangen, ihnen die berühmte marmorne Venus wegzunehmen? Was die Tarenti-

pam in tauro sedentem amittant, ut Satyrum qui apud illos in aede Vestae est, ut cetera? quid Thespiensis ut Cupidinis signum, propter quod unum visuntur Thespiae, quid Cnidios ut Venerem marmoream, quid ut pictam Coos, quid Ephesios ut Alexandrum, quid Cyzicenos ut Aiacem aut Medeam, quid Rhodios ut Ialysum, quid Atheniensis ut ex marmore Iacchum aut Paralum pictum aut ex aere Myronis buculam? Longum est et non necessarium commemorare quae apud quosque visenda sunt tota Asia et Graecia; verum illud est quam ob rem haec commemorem, quod existimare vos hoc volo, mirum quendam dolorem accipere eos ex quorum urbibus haec auferantur.

61 (136) Atque ut ceteros omittamus, de ipsis Syracusanis cognoscite. Ad quos ego cum venissem, sic primum existimabam, ut Romae ex istius amicis acceperam, civitatem Syracusanam propter Heracli hereditatem non minus esse isti amicam quam Mamertinam propter praedarum ac furtorum omnium societatem; simul et verebar ne mulierum nobilium et formosarum gratia, quarum iste arbitrio praeturam per triennium gesserat, virorumque quibuscum illae nuptae erant, nimia in istum non modo lenitudine sed etiam liberalitate oppugnarer, si quid ex litteris Syracusanorum conquirerem. (137) Itaque Syracusis cum civibus Romanis eram, eorum tabulas exquirebam, iniurias cognoscebam. Cum diutius in negotio curaque fueram, ut requiescerem curamque animi remitterem, ad Carpinati praeclaras tabulas revertebar, ubi cum equitibus Romanis, hominibus ex illo conventu honestissimis, illius Verrucios, de quibus ante dixi, explicabam; a Syracusanis prorsus nihil adiumenti neque publice

ner dafür, daß sie die auf dem Stier sitzende Europa, daß sie den Satyr, der bei ihnen im Tempel der Vesta steht, daß sie die übrigen Werke aus den Händen geben? Was die Thespier[174] für die Statue des Cupido (allein wegen dieses Werkes besucht man ja Thespiae)? Was die Knidier[175] für die Marmorstatue, was die Koer[176] für das Gemälde der Venus? Was die Ephesier für den Alexander[177], was die Kyzikener[178] für den Aias oder die Medea, was die Rhodier für den Jalysos[179], was die Athener für den Iacchos[180] aus Marmor oder das Gemälde des Paralos[181] oder die bronzene Kuh des Myron?[182] Es ist zu weitläufig und unnötig aufzuzählen, was an allen Stätten in ganz Asien und Griechenland sehenswert ist. Doch der Grund, weshalb ich dies erwähne, ist mein Wunsch, euch davon zu überzeugen, daß diejenigen einen ganz außerordentlichen Schmerz empfinden, aus deren Städten man solche Werke wegnimmt.

61 (136) Und um die anderen beiseite zu lassen, laßt euch über die Syrakusaner selbst unterrichten. Als ich zu ihnen kam, glaubte ich zuerst, wie ich es in Rom von den Freunden des Verres vernommen hatte, die Gemeinde Syrakus sei wegen der Erbschaft des Heraclius[183] nicht weniger mit Verres befreundet als die mamertinische wegen der Beteiligung an allen Raubzügen und Diebstählen. Zugleich befürchtete ich auch, der Einfluß der vornehmen und schönen Frauen, nach deren Ermessen Verres drei Jahre lang die Prätur verwaltet hatte, sowie die allzu große Gelassenheit oder vielmehr Großzügigkeit ihrer Ehemänner gegen Verres[184] möchten mir im Wege stehen, wenn ich in den Akten der Syrakusaner etwas aufzuspüren versuchte. (137) Daher verbündete ich mich in Syrakus mit den römischen Bürgern, prüfte ihre Bücher, nahm die ihnen zugefügten Kränkungen zur Kenntnis. Nachdem ich mich länger sorgfältig mit dieser Tätigkeit abgegeben hatte, kehrte ich wieder zu den trefflichen Büchern des Carpinatius zurück, um mich auszuruhen und mich von der geistigen Anstrengung zu entspannen. Da entzifferte ich zusammen mit den angesehensten römischen Rittern des Bezirkes, was es mit den Verruciern des Carpinatius

neque privatim exspectabam, neque erat in animo postulare.

Cum haec agerem, repente ad me venit Heraclius, is qui tum magistratum Syracusis habebat, homo nobilis, qui sacerdos Iovis fuisset, qui honos est apud Syracusanos amplissimus. Agit mecum et cum fratre meo ut, si nobis videretur, adiremus ad eorum senatum; frequentis esse in curia; se iussu senatus a nobis petere ut veniremus. (138) Primo nobis fuit dubium quid ageremus; deinde cito venit in mentem non esse vitandum illum nobis conventum et locum; itaque in curiam venimus. **62** Honorifice sane consurgitur; nos rogatu magistratus adsedimus. Incipit is loqui qui et auctoritate et aetate et, ut mihi visum est, usu rerum antecedebat, Diodorus Timarchidi, cuius omnis oratio hanc habuit primo sententiam: senatum et populum Syracusanum moleste graviterque ferre quod ego, cum in ceteris Siciliae civitatibus senatum populumque docuissem quid iis utilitatis, quid salutis adferrem, et cum ab omnibus mandata, legatos, litteras testimoniaque sumpsissem, in illa civitate nihil eius modi facerem. Respondi neque Romae in conventu Siculorum, cum a me auxilium communi omnium legationum consilio petebatur causaque totius provinciae ad me deferebatur, legatos Syracusanorum adfuisse, neque me postulare ut quicquam contra C. Verrem decerneretur in ea curia in qua inauratam C. Verris statuam viderem. (139) Quod posteaquam dixi, tantus est gemitus factus aspectu statuae et commemoratione ut illud in

auf sich hatte, worüber ich früher gesprochen habe.[185] Von den Syrakusanern erwartete ich überhaupt keine Unterstützung weder von der Gemeinde noch von Privatpersonen, und ich beabsichtigte auch nicht, sie zu verlangen.
Während ich damit zu tun hatte, kam unerwartet Heraclius[186] zu mir, der damals in Syrakus ein öffentliches Amt bekleidete, ein vornehmer Mann, der Priester des Jupiter gewesen war – dieses Ehrenamt steht bei den Syrakusanern in hohem Ansehen. Er macht mir und meinem Vetter[187] den Vorschlag, wir möchten, wenn wir es für richtig hielten, in ihren Gemeinderat kommen; die Mitglieder seien zahlreich im Rathaus versammelt; er bitte uns im Auftrage des Rates zu kommen. (138) Zuerst waren wir unschlüssig, was wir tun sollten. Dann aber machten wir uns rasch den Gedanken zu eigen, daß wir uns von der Versammlung und von dem Ort nicht fernhalten dürften; und so begaben wir uns denn ins Rathaus. **62** Man erhebt sich uns zu Ehren; auf Bitten des Vorsitzenden nehmen wir Platz. Da beginnt der zu sprechen, der sich durch sein Ansehen und sein Alter und, wie mir schien, durch seine Erfahrung auszeichnete, Diodoros, der Sohn des Timarchides. Seine ganze Rede hatte anfangs dem Sinne nach folgenden Inhalt: der Rat und das Volk von Syrakus seien betrübt und bedrückt, daß ich zwar in den übrigen sizilischen Gemeinden den Rat und das Volk unterrichtet hätte, welchen Nutzen, welche Rettung ich ihnen brächte, und daß ich zwar von allen Aufträge und Gesandte, Urkunden und Zeugnisse angenommen hätte, in ihrer Gemeinde aber nichts dergleichen tue. Ich antwortete: weder in Rom bei der Versammlung der Sizilier, als man mich auf den gemeinsamen Beschluß aller Gesandtschaften um Hilfe bat und mir die Sache der ganzen Provinz übertrug, seien Gesandte der Syrakusaner zugegen gewesen,[188] noch könnte ich erwarten, daß man irgend etwas gegen C. Verres in einem Sitzungssaal beschließe, in dem ich eine vergoldete Statue des C. Verres sähe. (139) Als ich das gesagt hatte, erhob sich ein so großes Wehklagen bei dem Anblick und der Erwähnung der Statue, daß es schien, als habe man sie im Rathaus zur

curia positum monumentum scelerum non beneficiorum videretur. Tum pro se quisque, quantum dicendo adsequi poterat, docere me coepit ea quae paulo ante commemoravi, spoliatam urbem, fana direpta, de Heracli hereditate, quam palaestritis concessisset, multo maximam partem ipsum abstulisse; neque postulandum fuisse ut ille palaestritas diligeret, qui etiam inventorem olei deum sustulisset; neque illam statuam esse ex pecunia publica neque publice datam, sed eos qui hereditatis diripiendae participes fuissent faciendam statuendamque curasse; eosdem Romae fuisse legatos, illius adiutores improbitatis, socios furtorum, conscios flagitiorum; eo minus mirari me oportere si illi communi legatorum voluntati et saluti Siciliae defuissent.

63 (140) Ubi eorum dolorem ex illius iniuriis non modo non minorem sed prope maiorem quam Siculorum ceterorum esse cognovi, tum meum animum in illos, tum mei consili negotique totius suscepti causam rationemque proposui, tum eos hortatus sum ut causae communi salutique ne deessent, ut illam laudationem, quam se vi ac metu coactos paucis illis diebus decresse dicebant, tollerent. Itaque, iudices, Syracusani haec faciunt, istius clientes atque amici. Primum mihi litteras publicas, quas in aerario sanctiore conditas habebant, proferunt; in quibus ostendunt omnia quae dixi ablata esse perscripta, et plura etiam quam ego potui dicere; perscripta autem hoc modo: Quod ex aede Minervae hoc et illud abesset, quod ex aede Iovis, quod ex aede Liberi – ut quisque iis

Erinnerung an seine Verbrechen und nicht an seine Wohltaten aufgestellt. Da begann ein jeder nach Kräften, soweit seine Wortgewandtheit reichte, mich über das zu unterrichten, was ich kurz zuvor erwähnt habe: geplündert sei die Stadt, die Tempel ausgeraubt, von der Erbschaft des Heraclius, die er den Ringkämpfern zuerkannt habe, habe er den weitaus größten Teil in die eigene Tasche gesteckt; man habe auch gar nicht verlangen dürfen, daß er die Ringkämpfer schätzte, er, der sogar den göttlichen Erfinder des Ölbaums[189] weggenommen habe. Die Statue sei ihm weder aus öffentlichen Mitteln noch von Gemeinde wegen gestiftet worden; vielmehr hätten diejenigen, die an der Plünderung der Erbschaft beteiligt gewesen seien, sie anfertigen und aufstellen lassen; dieselben Leute seien als Gesandte in Rom gewesen, die Helfershelfer seiner Schurkerei, die Genossen seiner Diebstähle, die Mitwisser seiner Schandtaten; um so weniger dürfe ich mich wundern, wenn sie sich dem gemeinsamen Wunsch der Gesandten und dem Wohl Siziliens versagt hätten.

63 (140) Als ich erkannte, daß ihre Erbitterung über die Ungerechtigkeiten des Verres nicht geringer, ja sogar beinahe größer war als die der übrigen Sizilier, da informierte ich sie über meine Einstellung ihnen gegenüber und über den Grund und Sinn meines Vorhabens und der ganzen von mir übernommenen Aufgabe; da ermahnte ich sie, sich der gemeinsamen Sache und dem allgemeinen Wohl nicht zu versagen, und das günstige Zeugnis zu widerrufen, das sie, wie sie sagten, unter dem Druck von Gewalt und Einschüchterung wenige Tage zuvor beschlossen hätten. Und so tun denn, ihr Richter, die Syrakusaner, die Schutzbefohlenen und Freunde des Verres, folgendes: zuerst bringen sie mir die amtlichen Urkunden, die sie im Geheimarchiv ihres Schatzhauses aufbewahrt hatten. Sie zeigen mir, wie in ihnen alles verzeichnet ist, was ich als entwendet erwähnt habe, und sogar noch mehr, als ich habe erwähnen können – verzeichnet in folgender Weise: Im Tempel der Minerva fehle dieses und jenes, ebenso im Tempel des Jupiter, ebenso im Tempel

rebus tuendis conservandisque praefuerat, ita perscriptum erat – cum rationem e lege redderent et quae acceperant tradere deberent, petisse ut sibi, quod eae res abessent, ignosceretur; itaque omnis liberatos discessisse, et esse ignotum omnibus. Quas ego litteras obsignandas publico signo deportandasque curavi.

(141) De laudatione autem ratio sic mihi reddita est. Primum, cum a. C. Verre litterae aliquanto ante adventum meum de laudatione venissent, nihil esse decretum; deinde, cum quidam ex illius amicis commonerent oportere decerni, maximo clamore esse et convicio repudiatos; postea, cum meus adventus adpropinquaret, imperasse eum qui summam potestatem haberet ut decernerent; decretum ita esse ut multo plus illi laudatio mali quam boni posset adferre. Id adeo, iudices, ut mihi ab illis demonstratum est, sic vos ex me cognoscite.

64 (142) Mos est Syracusis ut, si qua de re ad senatum referant, dicat sententiam qui velit; nominatim nemo rogatur, et tamen, ut quisque aetate et honore antecedit ita primus solet sua sponte dicere, itaque a ceteris ei conceditur; sin aliquando tacent omnes, tunc sortito coguntur dicere. Cum hic mos esset, refertur ad senatum de laudatione Verris. In quo primum, ut aliquid esset morae, multi interpellant; de Sex. Peducaeo, qui de illa civitate totaque provincia optime meritus esset, sese antea, cum audissent ei negotium facessitum, cumque eum publice pro plurimis eius et maximis meritis

des Liber (das Verzeichnis der Gegenstände war nach den Personen aufgestellt, die jeweils für ihren Schutz und ihre Erhaltung verantwortlich waren); als sie bestimmungsgemäß Rechenschaft ablegen und übergeben sollten, was sie empfangen hatten, hätten sie darum gebeten, ihnen zu verzeihen, daß die Gegenstände nicht da seien; sie seien alle frei davongekommen, und allen sei verziehen worden. Diese Urkunde ließ ich mit dem amtlichen Siegel versiegeln und hierherbringen.

(141) Wegen des günstigen Zeugnisses aber wurde mir folgende Erklärung gegeben. Zuerst, als einige Zeit vor meiner Ankunft ein Schreiben von C. Verres wegen eines günstigen Zeugnisses gekommen sei, habe man nichts beschlossen; als darauf einige seiner Freunde drängten, man müsse einen Beschluß fassen, da seien sie unter lautem Geschrei und Schimpfen abschlägig beschieden worden; später, als meine Ankunft nahe bevorstand, habe der Inhaber der höchsten Amtsgewalt[190] befohlen, den Beschluß zu fassen; man habe den Beschluß so abgefaßt, daß das günstige Zeugnis ihm viel eher Schaden als Vorteil einbringen könne. Über eben das, ihr Richter, laßt euch von mir so unterrichten, wie sie es mir auseinandergesetzt haben.

64 (142) In Syrakus besteht folgender Brauch: Wenn man irgendeinen Punkt im Gemeinderat zur Sprache bringt, darf jeder, der will, seine Meinung äußern. Niemand wird namentlich zur Befragung aufgerufen,[191] und doch pflegt jeder von sich aus an der Stelle zu sprechen, die ihm sein Alter und Ansehen zuweist, und das wird ihm auch von den anderen zugestanden. Wenn aber einmal alle schweigen, dann sind sie genötigt, nach dem Losentscheid zu sprechen. Während dieses Verfahren üblich war, wird ein günstiges Zeugnis über Verres beim Rat beantragt. Dabei erheben zuerst, um einige Verzögerung zu erreichen, viele Einspruch: Sex. Peducaeus[192] habe sich um ihre Gemeinde und die ganze Provinz in hohem Maße verdient gemacht; als sie gehört hätten, daß man ihm Schwierigkeiten mache, und als sie ihn von Gemeinde wegen für seine überaus vielen und großen Verdienste durch Lob

laudare cuperent, a C. Verre prohibitos esse; iniquum esse, tametsi Peducaeus eorum laudatione iam non uteretur, tamen non id prius decernere quod aliquando voluissent quam quod tum cogerentur. (143) Conclamant omnes et adprobant ita fieri oportere. Refertur de Peducaeo. Ut quisque aetate et honore antecedebat, ita sententiam dixit ex ordine. Id adeo ex ipso senatus consulto cognoscite; nam principum sententiae perscribi solent. Recita. 'QUOD VERBA FACTA SUNT DE SEX. PEDUCAEO.' Dicit qui primi suaserint. Decernitur. Refertur deinde de Verre. Dic, quaeso, quo modo? 'QUOD VERBA FACTA SUNT DE C. VERRE' – quid postea scriptum est? – 'CUM SURGERET NEMO NEQUE SENTENTIAM DICERET' – quid est hoc? – 'SORS DUCITUR.' Quam ob rem? nemo erat voluntarius laudator praeturae tuae, defensor periculorum, praesertim cum inire a praetore gratiam posset? Nemo. Illi ipsi tui convivae, consiliarii, conscii, socii verbum facere non audent. In qua curia statua tua stabat et nuda fili, in ea nemo fuit, ne quem nudus quidem filius nudata provincia commoveret. (144) Atque etiam hoc me docent, eius modi senatus consultum fecisse laudationis ut omnes intellegere possent non laudationem sed potius inrisionem esse illam quae commonefaceret istius turpem calamitosamque praeturam. Etenim scriptum esse ita: QUOD IS VIRGIS NEMINEM CECIDISSET – a quo cognostis nobilissimos homines atque innocentissimos securi esse percussos; QUOD VIGILANTER PROVINCIAM ADMINISTRASSET – cuius omnis vigilias in stupris constat adulteriisque esse consumptas; QUOD PRAEDONES PROCUL AB INSULA SICILIA PROHIBUISSET – quos etiam intra Syracusanam insulam recepisset.

auszeichnen wollten, da seien sie vorher von C. Verres daran gehindert worden; wenn auch Peducaeus ihr Lob nicht mehr brauche, so sei es doch ungerecht, nicht eher das zu beschließen, was sie einst vorgehabt hätten, als das, wozu sie jetzt gezwungen würden. (143) Alle rufen laut und stimmen zu: so solle es geschehen. Man behandelt den Antrag über Peducaeus. Entsprechend dem Alter und dem Ansehen, das ein jeder hatte, sagten sie der Reihe nach ihre Meinung. Dies mögt ihr aus dem Ratsbeschluß selbst ersehen. Denn die Aussagen der Vornehmsten pflegen protokolliert zu werden. Lies vor. – (Betrifft die Verhandlung über Sex. Peducaeus.) – Sag auch, wer zuerst für den Antrag gesprochen hat. Man faßt den Beschluß. Dann behandelt man den Antrag über Verres. Sag, bitte, wie! – (Betrifft die Verhandlung über C. Verres.) – Was wurde weiter aufgeschrieben? »Da niemand sich erhob und seine Meinung äußerte« – was bedeutet das? –, »wird das Los gezogen.« Weshalb? Gab es keinen freiwilligen Lobredner deiner Prätur, keinen Verteidiger in deiner Gefahr, zumal er sich doch beim Prätor[193] Dank erwerben konnte? Keinen. Selbst deine Tischgenossen, Berater, Mitwisser, Geschäftspartner wagen kein Wort zu äußern. In dem Sitzungssaal, in dem deine Statue und eine entblößte deines Sohnes stand, gab es niemanden, den trotz der Entblößung der Provinz wenigstens der entblößte Sohn bewegt hätte.[194] (144) Und auch davon unterrichten sie mich: sie hätten den Senatsbeschluß über das günstige Zeugnis so abgefaßt, daß alle erkennen könnten, es sei gar kein günstiges Zeugnis, sondern eher eine Verhöhnung, die an seine schändliche und verheerende Prätur erinnern solle. Denn der Wortlaut sei so: »Weil er niemanden mit Ruten habe schlagen lassen« – der, wie ihr wißt, die angesehensten und unschuldigsten Menschen mit dem Beil hat hinrichten lassen –, »weil er wachsam die Provinz verwaltet habe« – er, der bekanntlich seine ganze Wachsamkeit auf Unzucht und Ehebruch verwendet hat –, »weil er die Seeräuber weit von der Insel Sizilien ferngehalten habe« – denen er sogar erlaubt hatte, bis zur Insel von Syrakus zu kommen.[195]

(145) Haec posteaquam ex illis cognovi, discessi cum fratre e curia, ut nobis absentibus, si quid vellent, decernerent. **65** Decernunt statim primum ut cum Lucio fratre hospitium publice fieret, quod is eandem voluntatem erga Syracusanos suscepisset quam ego semper habuissem. Id non modo tum scripserunt, verum etiam in aere incisum nobis tradiderunt. Valde hercule te Syracusani tui, quos crebro commemorare soles, diligunt, qui cum accusatore tuo satis iustam causam coniungendae necessitudinis putant quod te accusaturus sit et quod inquisitum in te venerit. Postea decernitur, ac non varie sed prope cunctis sententiis, ut laudatio quae C. Verri decreta esset tolleretur. (146) In eo cum iam non solum discessio facta esset, sed etiam perscriptum atque in tabulas relatum, praetor appellatur. At quis appellat? magistratus aliqui? Nemo. Senator? Ne id quidem. Syracusanorum aliqui? Minime. Quis igitur praetorem appellat? Qui quaestor istius fuerat, P. Caesetius. O rem ridiculam! o desertum hominem, desperatum, relictum! A magistratu Siculo, ne senatus consultum Siculi homines facere possent, ne suum ius suis moribus, suis legibus obtinere possent, non amicus istius, non hospes, non denique aliquis Siculus, sed quaestor populi Romani praetorem appellat! Quis hoc vidit, quis audivit? Praetor aequus et sapiens dimitti iubet senatum. Concurrit ad me maxima multitudo. Primum senatores clamare sibi eripi ius, eripi libertatem, populus senatum laudare, gratias

(145) Nachdem ich dies von ihnen erfahren hatte, entfernte ich mich mit meinem Vetter aus dem Rathaus, damit sie in unserer Abwesenheit gegebenenfalls einen Beschluß fassen könnten. **65** Sie beschließen sofort und als erstes, meinem Vetter Lucius solle im Namen der Gemeinde der Status eines Gastfreundes verliehen werden,[196] weil er dasselbe Wohlwollen gegen die Syrakusaner bekundet habe, das ich immer bewiesen hätte. Diesen Beschluß haben sie damals nicht nur schriftlich festgehalten, sondern auch in eine Bronzetafel eingeritzt und uns übergeben. Wahrhaftig, sehr müssen dich deine Syrakusaner, die du so häufig zu erwähnen pflegst, lieben, sie, die glauben, es sei für sie ein hinlänglich triftiger Grund, mit deinem Ankläger eine enge Verbindung einzugehen, daß er dich anklagen will und daß er gekommen ist, um gegen dich zu ermitteln. Später beschließt man, und zwar nicht mit geteilter Meinung, sondern fast einstimmig, das günstige Zeugnis, das man für C. Verres beschlossen habe, solle aufgehoben werden. (146) Nachdem man nun nicht nur die Abstimmung vollzogen, sondern den Beschluß auch aufgeschrieben und ins Protokoll eingetragen hatte, wendet man sich in dieser Sache mit einer Beschwerde an den Prätor. Doch wer beschwert sich? Eine Amtsperson? Keine. Ein Ratsherr? Auch nicht. Ein Bürger von Syrakus? Keineswegs. Wer beschwert sich also beim Prätor? Einer, der einst Quästor des Verres gewesen war, P. Caesetius. Was für eine lächerliche Sache! Der arme im Stich gelassene, hoffnungslose, verlorene Mann! Damit Sizilier keinen Ratsbeschluß zuwegebringen können, damit sie nicht ihr Recht nach ihren Gewohnheiten, nach ihren Gesetzen wahrnehmen können, legt nicht ein Freund des Verres, nicht ein Gastgeber, überhaupt nicht irgendein Sizilier, sondern ein Quästor des römischen Volkes gegen eine sizilische Behörde beim Prätor Beschwerde ein! Wer hat das schon erlebt, wer das schon gehört? Der gerechte und kluge Prätor befiehlt die Aufhebung der Ratssitzung. Eine große Menschenmenge strömt bei mir zusammen. Zuerst rufen die Ratsherren, man raube ihnen ihr Recht, man raube ihnen die Freiheit; das Volk lobt

agere, cives Romani a me nusquam discedere. Quo quidem die nihil aegrius factum est multo labore meo quam ut manus ab illo appellatore abstinerentur.

(147) Cum ad praetorem in ius adissemus, excogitat sane acute quid decernat; nam ante quam verbum facerem, de sella surrexit atque abiit. Itaque tum de foro, cum iam advesperasceret, discessimus. **66** Postridie mane ab eo postulo ut Syracusanis liceret senatus consultum, quod pridie fecissent, mihi reddere. Ille enim vero negat et ait indignum facinus esse quod ego in senatu Graeco verba fecissem; quod quidem apud Graecos Graece locutus essem, id ferri nullo modo posse. Respondi homini ut potui, ut debui, ut volui. Cum multa tum etiam hoc me memini dicere, facile esse perspicuum quantum inter hunc et illum Numidicum, verum ac germanum Metellum, interesset; illum noluisse sua laudatione iuvare L. Lucullum, sororis virum, quicum optime convenisset, hunc homini alienissimo a civitatibus laudationes per vim et metum comparare. (148) Quod ubi intellexi, multum apud illum recentis nuntios, multum tabellas non commendaticias sed tributarias valuisse, admonitu ipsorum Syracusanorum impetum in eas tabulas facio in quibus senatus consultum perscripserant. Ecce autem nova turba atque rixa, ne tamen istum omnino Syracusis sine amicis, sine hospitibus, plane nudum esse ac desertum putetis! Retinere incipit tabulas Theomnastus quidam, homo ridicule insanus, quem Syracusani Theoractum vocant; qui illic eius modi est ut eum

den Rat und sagt ihm Dank; die römischen Bürger weichen nirgends von meiner Seite. An diesem Tage gab es nichts Mühevolleres für mich, als mit großem Kraftaufwand zu verhindern, daß man sich an diesem Beschwerdeführer vergreife.

(147) Als wir beim Prätor vor Gericht erschienen, dachte der sich eine ganz scharfsinnige Entscheidung aus. Denn bevor ich ein Wort äußerte, erhob er sich von seinem Sessel und ging weg. Und so verließen denn auch wir den Marktplatz, da es bereits dunkel zu werden begann. **66** In der Frühe des nächsten Tages ersuche ich ihn, den Syrakusanern zu erlauben, mir den Ratsbeschluß, den sie am Tage zuvor gefaßt hätten, zu überlassen. Er aber lehnt ab und sagt, es sei ein unwürdiges Verhalten, daß ich vor einem griechischen Gemeinderat geredet hätte; daß ich gar vor Griechen griechisch gesprochen hätte, das sei ganz und gar unerträglich. Ich antwortete dem Mann, wie ich konnte, wie ich mußte, wie ich wollte. Ich erinnere mich, neben vielem anderen auch folgendes gesagt zu haben: es sei leicht absehbar, welch großer Unterschied zwischen ihm und dem Numidicus[197], einem wahren und echten Meteller, bestehe; der habe den L. Lucullus[198], den Mann seiner Schwester, mit dem er sich aufs beste verstanden habe, nicht durch sein günstiges Zeugnis unterstützen wollen; er dagegen versuche einem ganz fremden Menschen durch Gewalt und Drohung günstige Zeugnisse von seiten der Gemeinden zu verschaffen. (148) Als ich erkannte, daß bei ihm viel die neuesten Nachrichten galten, viel die Schreiben, die nicht Empfehlungen enthielten, sondern reiche Geschenke versprachen,[199] da bemächtige ich mich auf Anregung der Syrakusaner selbst der Protokolle, in denen man den Ratsbeschluß aufgezeichnet hatte. Doch siehe, da gibt es aufs neue Lärm und Streit; glaubt doch nicht, Verres sei in Syrakus völlig ohne Freunde, ohne Gastgeber, er sei dort ganz entblößt und verlassen! Ein gewisser Theomnastos schickt sich an, die Protokolle zurückzuhalten – ein lächerlicher Irrer, den die Syrakusaner Theoraktos[200] nennen; er ist dort solch ein Typ, daß die Kinder ihm nachlaufen,

pueri sectentur, ut omnes cum loqui coepit inrideant. Huius tamen insania, quae ridicula est aliis, mihi tum molesta sane fuit; nam cum spumas ageret in ore, oculis arderet, voce maxima vim me sibi adferre clamaret, copulati in ius pervenimus. (149) Hic ego postulare coepi ut mihi tabulas obsignare ac deportare liceret; ille contra dicere, negare esse illud senatus consultum in quo praetor appellatus esset, negare id mihi tradi oportere. Ego legem recitare, omnium mihi tabularum et litterarum fieri potestatem oportere; ille furiosus urgere nihil ad se nostras leges pertinere. Praetor intellegens negare sibi placere, quod senatus consultum ratum esse non deberet, id me Romam deportare. Quid multa? nisi vehementius homini minatus essem, nisi legis sanctionem poenamque recitassem, tabularum mihi potestas facta non esset. Ille autem insanus, qui pro isto vehementissime contra me declamasset, postquam non impetravit, credo, ut in gratiam mecum rediret, libellum mihi dat in quo istius furta Syracusana perscripta erant, quae ego antea iam ab aliis cognoram et acceperam.

67 (150) Laudent te iam sane Mamertini, quoniam ex tota provincia soli sunt qui te salvum velint, ita tamen laudent ut Heius, qui princeps legationis est, adsit, ita laudent ut ad ea quae rogati erunt mihi parati sint respondere. Ac ne subito a me opprimantur, haec sum rogaturus: navem populo Romano debeantne? fatebuntur. Praebuerintne praetore C. Verre? negabunt. Aedificarintne navem onerariam maximam

daß alle über ihn lachen, wenn er zu sprechen beginnt. Doch sein verrücktes Benehmen, das anderen Anlaß zum Lachen gibt, war mir damals durchaus lästig. Denn der Schaum stand ihm vorm Munde, seine Augen glühten, und er schrie mit gewaltiger Stimme, ich wolle ihm Gewalt antun, als wir vereint vor Gericht erschienen. (149) Hier forderte ich, mir zu erlauben, die Protokolle versiegeln zu lassen und mitzunehmen. Der Mensch sprach dagegen; er erklärte, das sei kein gültiger Ratsbeschluß, gegen den beim Prätor Beschwerde eingelegt sei; er behauptete, man dürfe mir den Beschluß nicht übergeben. Ich verlas das Gesetz: man müsse mir den Zugang zu allen Protokollen und Akten ermöglichen. Der rasende Kerl bestand darauf, daß ihn unsere Gesetze nichts angingen. Der verständige Prätor erklärte, ihm gefalle es nicht, daß ich einen Ratsbeschluß, der unmöglich gültig sein könne, nach Rom mitnehmen wolle. Was soll ich noch viel sagen? Wenn ich dem Mann nicht heftiger gedroht, wenn ich nicht die Strafbestimmung des Gesetzes verlesen hätte, wären mir die Protokolle nicht ausgehändigt worden. Als nun der verrückte Kerl, der für Verres ganz heftig gegen mich gekeift hatte, sein Ziel nicht erreichte, da gab er mir – wohl, um sich bei mir wieder anzubiedern – ein Verzeichnis, in dem die syrakusanischen Diebstähle des Verres aufgeführt waren, die ich schon vorher von anderen erfahren und vernommen hatte.

67 (150) Loben mögen dich jetzt meinetwegen die Mamertiner, da sie ja in der ganzen Provinz die einzigen sind, die dich gerettet sehen wollen,[201] doch sie mögen dich loben unter der Voraussetzung, daß Heius, das Haupt ihrer Gesandtschaft, zugegen ist, sie mögen dich loben unter der Voraussetzung, daß sie bereit sind, mir auf meine Fragen zu antworten. Und damit sie sich nicht plötzlich von mir überfallen fühlen, will ich sie nach folgendem fragen: ob sie dem römischen Volk ein Schiff zu stellen verpflichtet seien. Das werden sie zugeben. Ob sie es während der Prätur des Verres abgeliefert hätten? Das werden sie verneinen. Ob sie das riesige Lastschiff, das sie Verres übergeben haben, auf öffentliche Kosten gebaut

publice, quam Verri dederunt? negare non poterunt. Frumentum ab iis sumpseritne C. Verres, quod populo Romano mitteret, sicuti superiores? negabunt. Quid militum aut nautarum per triennium dederint? nullum datum dicent. Fuisse Messanam omnium istius furtorum ac praedarum receptricem negare non poterunt; permulta multis navibus illinc exportata, hanc navem denique maximam, a Mamertinis datam, onustam cum isto profectam fatebuntur.

(151) Quam ob rem tibi habe sane istam laudationem Mamertinorum; Syracusanam quidem civitatem ut abs te adfecta est ita in te esse animatam videmus, apud quos etiam Verria illa flagitiosa sublata sunt. Etenim minime conveniebat ei deorum honores haberi qui simulacra deorum abstulisset. Etiam hercule illud in Syracusanis merito reprehenderetur, si, cum diem festum ludorum de fastis suis sustulissent celeberrimum et sanctissimum, quod eo ipso die Syracusae a Marcello captae esse dicuntur, idem diem festum Verris nomine agerent, cum iste a Syracusanis quae ille calamitosus dies reliquerat ademisset. At videte hominis impudentiam atque adrogantiam, iudices, qui non solum Verria haec turpia ac ridicula ex Heracli pecunia constituerit, verum etiam Marcellia tolli imperarit, ut ei sacra facerent quotannis cuius opera omnium annorum sacra deosque patrios amiserant, eius autem familiae dies festos tollerent per quam ceteros quoque festos dies recuperarant.

hätten? Das werden sie nicht bestreiten können. Ob C. Verres von ihnen Getreide genommen habe, um es wie seine Vorgänger dem römischen Volke zu schicken? Das werden sie verneinen. Wie viele Soldaten oder Matrosen sie während der drei Jahre gestellt hätten? Keinen, werden sie sagen. Daß Messana der Aufbewahrungsort für alle seine gestohlenen und erbeuteten Gegenstände gewesen ist, werden sie nicht leugnen können. Daß sehr viele Dinge auf vielen Schiffen von dort ausgeführt worden sind, daß schließlich das riesige Schiff, das die Mamertiner geliefert haben, voll beladen mit Verres abgefahren ist – das werden sie zugeben müssen.

(151) Deshalb behalte ruhig das für dich so günstige Zeugnis von seiten der Mamertiner. Die Gemeinde Syrakus jedenfalls sehen wir so gegen dich gesinnt, wie du mit ihr umgesprungen bist. Bei ihnen ist ja auch das schändliche Verres-Fest aufgehoben worden. Denn es gehörte sich ja keineswegs, daß man jemandem göttliche Ehren erwies, der Götterbilder geraubt hatte. Wahrhaftig, man hätte an den Syrakusanern auch mit Recht getadelt, wenn sie, die einen stark besuchten und hochheiligen Festspieltag in ihrem Kalender gestrichen hätten, weil, wie man erklärt, an eben diesem Tage Syrakus von Marcellus erobert worden ist – wenn sie, dieselben Leute, einen Festtag für Verres begingen, der den Syrakusanern weggenommen hatte, was ihnen jener Unglückstag noch gelassen hatte. Aber seht die Unverschämtheit und Anmaßung dieses Menschen, ihr Richter, der nicht nur das schändliche und lächerliche Verres-Fest[202] von dem Gelde des Heraclius eingeführt, sondern auch die Aufhebung des Marcellus-Festes[203] befohlen hat, damit sie dem zu Ehren alljährlich eine Feier begingen, durch dessen Machenschaften sie alle Jahresfeiern und angestammten Götter verloren hatten, aber die Festtage *der* Familie abschafften, durch die sie auch die übrigen Festtage wiedergewonnen hatten.

Anmerkungen

Alle im folgenden genannten Jahreszahlen gelten v. Chr. Stellenverweise ohne Werkangabe beziehen sich auf die *Reden gegen Verres*. Dabei bezeichnet z. B. 1,1: Erste Rede, § 1, dagegen 2,1,1: Zweite Rede, erstes Buch, § 1. Die im Übersetzungstext halbfett gedruckte Kapitelzählung findet bei Zitaten keine Verwendung.

1 Die Übersetzung von *iudices* mit »Richter« kann im Deutschen leicht falsche Assoziationen hervorrufen. Es handelt sich hier nicht um Berufs-, sondern um Laienrichter, die vom Prätor aus einer Liste (*decuria* »Abteilung«) vorgeschlagen und von den Parteien gebilligt wurden. Zur Zeit des Verres-Prozesses waren diese Laienrichter ausschließlich Senatoren.

2 Die Gefäße aus Delos und Korinth, die aus bestimmten Kupferlegierungen hergestellt wurden, waren als Luxusartikel sehr begehrt. Vgl. 2,2,46.83.176.

3 Die vertieft geschnittenen Gemmen dienten zum Siegeln, die mit erhabenen Figuren als Schmuck.

4 Messana (das heutige Messina): Vgl. 2,4,15 ff. und 150.

5 Die Mamertiner (»Söhne des Mars«) waren aus Kampanien stammende Söldner des syrakusanischen Tyrannen Agathokles. Sie hatten sich nach dessen Tode im Jahre 288 der Stadt Messana bemächtigt. Vgl. 2,2,13.

6 Berühmter athenischer Bildhauer des 4. Jahrhunderts.

7 Eine Vorliebe für griechische Kunst und Literatur ziemte sich nicht für einen wahren Römer. Um vor dem Volk nicht als Graeculus zu erscheinen, tut Cicero so, als ob er von Kunst nichts verstehe und die Namen der Künstler erst kurz vorher kennengelernt habe. Vgl. auch 2,2,87 und 2,4,5.94.

8 Stadt in Böotien, am Fuße des Musenberges Helicon gelegen.

9 Der Konsul L. Mummius zerstörte 146 Korinth und unterwarf viele Städte Achaias und Böotiens. Vgl. 2,1,55.

10 Die neun Musen.

11 Der Tempel der Felicitas (der Göttin des Glückes) wurde von L. Licinius Lucullus (Konsul 151 und Großvater des berühmten Lucullus) erbaut. Er stand im Velabrum, dem Bezirk zwischen Tiber, Palatin und Kapitol.

12 Myron aus Eleutherai (5. Jahrhundert), einer der bedeutendsten Künstler an der Schwelle der Hochklassik.

13 Kanephoren (griechisches Wort): »Korbträgerinnen«, Mädchen, die bei Prozessionen Körbe mit Kultgeräten auf dem Kopfe trugen.

14 Cicero tut so, als ob er die Rede wirklich hielte und einer seiner Freunde ihm den Namen zuriefe.

15 Polyklet aus Argos: berühmter Bildhauer (5. Jahrhundert).

16 C. Claudius Pulcher war im Jahre 99 Ädil. Bei den öffentlichen Spielen, die die Ädilen veranstalteten, wurden die öffentlichen Plätze mit Kunstgegenständen geschmückt, die man sich von Freunden und Bekannten, auch aus den Provinzen, auslieh. Vgl. 2,1,49 und 58.

17 Gemeint sind unredliche Provinzialbeamte.

18 Der römischen Bona Fortuna entsprach in Unteritalien und Sizilien die Agathe Tyche, deren Verehrung in hellenistischer Zeit sehr verbreitet war. Bei dem Bildwerk handelte es sich wahrscheinlich um eine archaistische wertlose Neubildung. »Daß diese Statue nicht von Verres beansprucht wurde, läßt ihn als Kunstsammler erkennen, der tatsächlich bestimmte Kunstepochen bevorzugte« (Gerhard Zimmer).

19 Der Chelidon, die Verres in seinem Hause in Rom gehabt und die ihn zum Erben eingesetzt hatte. Vgl. 2,2,116 und 2,4,71.

20 Mit den ein Beil umschließenden Rutenbündeln (*fasces*), dem Zeichen der Befehlsgewalt (*imperium*). Als Statthalter durfte Verres keine Handelsgeschäfte machen. Vgl. 2,3,169.

21 D. h. als Statthalter, Quästor oder als Adjutant des Statthalters.

22 Die Kunstkenner.

23 Wenn man so billig kaufen kann, kann man sich eine Erniedrigung durch Bitten und Dankesworte ersparen.

24 Das sind 1 600 Sesterzen (1 Denar = 4 Sesterzen).

25 Vgl. 2,2,13.114; 2,4,150; 2,5,43 ff.

26 Centuripae: Sikulerstadt im Inneren der Insel. Vgl. 2,3,13. Catina: Stadt an der Ostküste (heute Catania). Vgl. 2,3,103. Tyndaris: Stadt an der Nordküste, etwa 50 km westlich von Messina. Vgl. 2,3,103. Henna: Sikulerstadt in der Mitte Siziliens. Vgl. 2,3,47. Agyrion: Stadt im Inneren der Insel (heute Agira). Vgl. 2,3,47.

27 D. h. ihm ganz oder teilweise seine bürgerlichen Rechte abzuerkennen (Atimie), weil er die Interessen der Gemeinde verletzt habe. Die Strafe würde die Glaubwürdigkeit des Heius untergraben und ihn an weiteren Aussagen hindern.

28 Die Sizilier mußten, wenn nötig, außer dem Zehnten auch soge-

nanntes Kaufgetreide (*frumentum emptum*) an Rom liefern, für das ein Preis gezahlt wurde, den der Senat festsetzte. Vgl. 2,3,163.

29 Phaselis: an der Südküste Kleinasiens gelegen. P. Servilius Vatia Isaurikus bekämpfte 78–75 mit Erfolg die Seeräuber. Vgl. 2,1,56 f.; 2,3,210 f. Die Kilikier waren gefürchtete Seeräuber.

30 C. Porcius Cato (Konsul 114) war ein Enkel des L. Aemilius Paullus (Konsul 182 und 168) und des Zensors M. Porcius Cato (Konsul 195); sein Onkel war der jüngere Scipio (Konsul 147 und 134). Vgl. 2,3,184.

31 Ein Freigelassener und Amtsdiener des Verres, den dieser als Werkzeug für seine Machenschaften benutzte. Vgl. 2,2,69 ff.

32 Sooft der Statthalter in Messana Quartier machte, hätte die Stadt wie jede andere in der Provinz für Quartier, Unterhalt und Beförderung aufkommen müssen. Gemäß Friedensvertrag war die Gemeinde zu Arbeits- und Kriegsdienst verpflichtet; vor allem hatte sie ein bemanntes Kriegsschiff zu stellen. Vgl. 2,4,21 und 150; 2,5,43 ff.

33 Vgl. 2,2,52 und 154; 2,4,151.

34 Den P. Gavius. Vgl. 2,5,158 ff.

35 D. h. bei den Untertanen in den Provinzen. »Die Bundesgenossen« (*socii*) und die »auswärtigen Völker« (*exterae nationes*) standen in einem unterschiedlichen Abhängigkeitsverhältnis von Rom. Die Bundesgenossen zahlten im allgemeinen keine Steuern. Vgl. die *Rede gegen Caecilius* 7.

36 Durch die Fürsprache des Pompeius erhielten Basiliscus und die Percennier das römische Bürgerrecht; daher trugen sie seinen Namen. Vgl. 2,2,20 und 23; 2,3,69; 2,4,37 und 48.

37 *Frater* bedeutet hier »Vetter«. L. Tullius Cicero, der Vetter unseres Cicero, begleitete diesen nach Sizilien und half ihm bei den Ermittlungen. Vgl. 2,3,170; 2,4,137 und 145.

38 *Regini*: die Bewohner von Regium (an der Meerenge von Messina; heute Reggio); sie hatten während des Bundesgenossenkrieges (91–88) das römische Bürgerrecht erhalten.

39 Die »attalischen Decken« waren mit Gold durchwirkt und hießen so nach ihrem angeblichen Erfinder, einem der pergamenischen Könige namens Attalos.

40 »Phalerae sind in der Frühzeit Pferdebeschläge. Es waren überwiegend runde, getriebene Schmuckplatten, welche die sich kreuzenden Riemen des Pferdegeschirrs verdeckten. Das Material der Phalerae war zumindest bei wertvollen Stücken wie einem königlichen Geschirr Edelmetall, in der Regel Silber« (Zimmer). Seit

dem 2. Jahrhundert dienten die *phalerae* auch als militärische Auszeichnung. Vgl. 2,3,185.

41 Der 307/306 geborene Hieron II. von Syrakus.

42 Stadt im phrygischen Pisidien, an der Grenze nach Lykien.

43 Er formte offensichtlich Modelle aus Wachs für den Guß in Bronze oder Edelmetall.

44 Vgl. 2,1,44–102.

45 Vgl. 2,1,128.

46 Bronzegießer und Ziseleur des 3. Jahrhunderts.

47 *Venerii* sind Sklaven des Venustempels auf dem Eryx, die Verres zu verschiedenen Diensten verwendete. Vgl. 2,2,92; 2,3,50 und die *Rede gegen Caecilius* 55.

48 Während der römischen Spiele, die vom 5. bis 9. September stattfanden. Vgl. 1,31.

49 Er war Mitverteidiger des Verres. Vgl. 2,2,110; 2,4,43. Er war zu der Zeit Ädil und Veranstalter der Zirkusspiele.

50 Schauspieler, die gefallen hatten, erhielten einen silbernen Kranz oder ähnliche Geschenke. Der Wert dieser Geschenke durfte nicht zu hoch sein. Daher pflegte man sie so niedrig wie möglich zu taxieren.

51 Während der Statthalterschaft in Sizilien. Vgl. 2,1,60.

52 Vgl. 2,4,25. Q. C. Lutatius Catulus (Konsul 78) war Mitglied des Gerichtshofes, der die Untersuchung gegen Verres führte. Vgl. 2,4,69 f.

53 Aus dem wohlriechenden Holz des orientalischen Lebensbaumes.

54 Hafenort an der Nordwestspitze Siziliens (heute Trapani).

55 Nach 2,2,140 handelte es sich nur um *ein* Mündel; der Komplize heißt dort A. Claudius.

56 C. Claudius Marcellus: Prätor 80, verwaltete die Provinz im Jahre 79. Vgl. 2,3,42.

57 Heute Malta.

58 Trinkschalen mit zwei Henkeln, angeblich nach dem korinthischen Töpfer Therikles genannt.

59 Berühmter Silberschmied des 4. Jahrhunderts, dessen Werke die Römer sehr schätzten.

60 Eriphyle ist die Schwester des Adrastos von Argos. Dieser will seinen aus Theben vertriebenen Schwiegersohn Polyneikes dorthin zurückführen. Der Gatte der Eriphyle Amphiaros sieht als Seher im Kampf um Theben seinen Tod voraus und versteckt sich daher, um an dem Zuge gegen Theben nicht teilnehmen zu müssen. Polyneikes besticht Eriphyle mit einem kostbaren

Halsband. Sie verrät das Versteck ihres Mannes. Vgl. Hom. Od. 11,326 f.

61 Ein Hysteron-Proteron. Cicero vergleicht scherzhaft die Flucht des Diodoros mit dem Aufbruch eines Heeres aus dem Lager. Wie die Soldaten ihre Gerätschaften (*vasa*) zusammenpacken, packt Diodoros seine Prunkgefäße (*vasa*) zusammen.

62 »Spürhunde« (*canes*) nennt Cicero diejenigen, die Verres als Werkzeuge für seine Machenschaften benutzt. Vgl. 2,1,126 und 133; 2,3,28 und 84; 2,4,30.47; 2,5,146.

63 In Rom war ein gerichtliches Verfahren gegen Abwesende nicht möglich, in den Provinzen nicht verboten, galt aber als ungerecht.

64 Um notfalls die Richter bestechen zu können. Zu Sthenius vgl. 2,2,82 ff.

65 Q. Arrius (Prätor 73) konnte die Statthalterschaft in Sizilien nicht antreten, da er im Krieg gegen Spartakus gebraucht wurde; er fiel in diesem Kriege. Vgl. 2,2,37.

66 Trinkhörner, deren Spitze in einen Pferdekopf auslief.

67 Ein Angehöriger der berühmten Familie der Fabier.

68 Sinn: so viel ist es mir wert, mich widerlegen zu lassen, wenn ich das Rechnungsbuch einsehen kann.

69 Sekretär und Vertrauter des Verres. Vgl. die *Rede gegen Caecilius* 29.

70 Die Geldverteiler arrangierten die Bestechung bei Wahlen. Vgl. 1,22 ff.

71 Ein Unbekannter, der Verres wegen Wählerbestechung belangen wollte. Denn Verres habe sich die Prätur erkauft, heißt es 1,23 und 2,1,100.

72 Bevor er das römische Bürgerrecht erhielt. Vgl. 2,4,25.

73 Stadt an der Nordküste Siziliens. Vgl. 2,3,101.

74 L. Licinius Lucullus (Konsul 74) führte damals Krieg gegen Mithridates VI. von Pontos.

75 *corollarium*: ein kleiner versilberter oder vergoldeter Kranz, den vortragende Künstler außer dem Honorar als Zugabe erhielten.

76 Proagoros (griech. »der erste Sprecher«): so hieß in einigen Gemeinden auf Sizilien der Vorsitzende des Gemeinderates.

77 Eine hochgelegene Stadt unweit der Nordküste (heute S. Marco d'Alunzio). Vgl. 2,3,103.

78 *everriculum*: ein Wortspiel mit dem Namen des Verres. Vgl. 2,2,18 f. und 52.

79 Anspielung auf das Appellativum *verres* (»Eber«, »Schwein«). Vgl. 2,1,121 und die *Rede gegen Caecilius* 57.

80 Cn. Cornelius Lentulus Marcellinus (Konsul 56) war von Geburt ein Marceller, wie der Beiname Marcellinus zeigt; er wurde von einem Lentulus adoptiert. Vgl. die *Rede gegen Caecilius* 13.

81 Die *caelatores* hatten die Aufgabe, die Reliefs in die neuen Gefäße, die die *vascularii* anfertigten, einzusetzen.

82 D. h. in einer Kleidung, die des Prätors in einer Provinz als des Repräsentanten der römischen Staatsgewalt unwürdig war.

83 Zu unterscheiden sind drei große Männer namens L. Calpurnius Piso Frugi. Der Großvater (Konsul 133) brachte als Volkstribun das erste Repetundengesetz ein; vgl. 2,3,195. Der Vater war Prätor in Spanien (113 oder 112). Der Sohn war 74 Prätor und Amtsgenosse des Verres. Als solcher hob er häufig durch seinen Einspruch (*intercessio*) die Entscheidungen des Verres auf. Vgl. 2,1,119.

84 Verres vgl. 2,4,53. Pisos Beiname *Frugi* bedeutet »solide«, »redlich«.

85 Stadt im Nordwesten der Insel. Vgl. 2,3,13.

86 Sikulerstadt im Inneren Siziliens, 30 km südwestlich von Syrakus (heute Noto antica).

87 Stadt am Südabhang des gleichnamigen Berges. Vgl. 2,3,47.

88 Stadt im Südosten der Insel. Vgl. 2,3,103.

89 Der Vater der hier genannten Könige war Antiochos X. Eusebes. Er wurde im Jahre 83 von seinem armenischen Nachbarn Tigranes vertrieben. Zwischen 83 und 69 blieb der syrische Thron in den Händen des Tigranes. Die Söhne von Antiochos X. beherrschten nur noch einzelne Städte oder lebten in der Verbannung. Sie waren daher nicht als Könige anerkannt, waren also eigentlich nur Prinzen. Cicero nennt sie aber Könige, damit die Untat des Verres in dem von ihm gewünschten Licht erscheint.

90 Die Mutter Kleopatra Selene war eine Ptolemäerin.

91 Rom hatte damals an mehreren Fronten zu kämpfen: gegen den abtrünnigen römischen Feldherrn Sertorius in Spanien, gegen Mithridates VI. in Asien, gegen die aufständischen Gladiatoren unter Spartacus, gegen die Seeräuber.

92 Der Jupitertempel auf dem Kapitol war im Jahre 83 abgebrannt. Sulla hatte einen neuen zu bauen begonnen; er wurde aber erst im Jahre 69 von Q. Lutatius Catulus vollendet und geweiht. Vgl. 2,4,69 f.

93 Goldschmiede, Ziseleure und Steinschneider hatten daran gearbeitet.

94 Der Senat und das römische Volk haben Catulus dadurch geehrt,

daß sie ihm die Vollendung des Tempelbaus übertragen haben. Sein Name wird auf der Bauinschrift verewigt.

95 *conventus*: gemeint ist die Vereinigung der römischen Bürger in Syrakus.

96 Vgl. 2,4,7.

97 In einem Prozeß vor der Kammer für Repetundenklagen.

98 Vgl. 2,1,45 ff.

99 Die Segestaner behaupteten, sie stammten wie die Römer von den Trojanern ab. Vgl. Vergil, *Aeneis* 5,700 ff.

100 Der Dritte Punische Krieg (149–146) endete 146 mit der Eroberung von Karthago durch Scipio.

101 Vgl. 2,2,85 ff. Himera an der Nordküste Siziliens wurde 409 zerstört und nicht wieder aufgebaut. Die Bewohner wurden in der neuangelegten Stadt Thermae in der Nähe angesiedelt.

102 Stadt an der Südküste Siziliens (auch heute Gela). Vgl. 2,3,103.

103 Tyrann von Agrigent im 6. Jahrhundert.

104 Im Jahre 75. Vgl. 2,3,47.

105 D. h. sie mußten ihm bei seiner Rundreise durch die Provinz von Ort zu Ort folgen, da er sie nicht empfing. Seine Absicht war, sie dadurch mürbe zu machen.

106 D. h. Nichtgriechen, Sklaven oder Punier, die vor allem im Westen der Insel ansässig waren und die, da ihnen der Kult fremd war, keine religiösen Bedenken hatten.

107 P. Cornelius Scipio Nasica (Konsul 52) gehört zu den Rechtsbeiständen des Verres. Cicero appelliert hier an die Pflicht eines Scipio, der als Nachkomme des Scipio Africanus als Verteidiger des Verres sozusagen auf der falschen Seite steht.

108 Die Scipionen waren wie die Marceller Schutzherrn (*patroni*) der Sizilier. Die Segestaner hätten also darauf Anspruch gehabt, daß Scipio ihre Interessen vertrete.

109 Wie *ista* zeigt, zielt Cicero auf die Adligen, die glauben, sich auf die Seite ihres Standesgenossen Verres stellen zu müssen, die also moralisch versagen und sich beklagen, daß Leute bescheidener Herkunft zu Rang und Würden gelangen wie Angehörige des Ritterstandes. Die Senatoren haben Cicero oft fühlen lassen, daß er ein *homo novus*, ein Emporkömmling ist. Vgl. 2,3,7 ff. und 2,5,180 ff.

110 Die Adligen trieben einen aufwendigen Ahnenkult; nur sie hatten das Recht, Totenmasken ihrer Ahnen in der Vorhalle des Hauses aufzuhängen (*ius imaginum*).

111 P. Servilius Vatia Isauricus, Richter im Prozeß gegen Verres. Vgl.

,1,56 f.; 2,3,210 f. Er beabsichtigte damals, den Kunstwerken, die er im Kriege gegen die Seeräuber erbeutet und im Triumph (74) vorgeführt hatte, einen dauernden Standort zu geben.

112 Der Jupitertempel auf dem Kapitol. Vgl. 2,4,69 f.

113 Stadt an der Nordküste Siziliens (heute S. Maria di Tindaro). Vgl. 2,3,103.

114 C. Claudius Marcellus (Prätor 80) verwaltete die Provinz 79. Vgl. 2,3,42 und 212. Die Marceller, die Nachkommen des Eroberers von Syrakus, waren die prominentesten Schutzherren Siziliens. Vgl. 2,2,51; 2,3,45; 2,4,89 ff. sowie die *Rede gegen Caecilius* 13.

115 M. Claudius Marcellus Aeserninus: ein unbekanntes Mitglied der Familie der Marceller.

116 Ein staatlicher Beamter, der das Gymnasium (Sportschule und Erziehungsstätte) beaufsichtigte. Vgl. 2,5,185.

117 Vgl. 2,4,5.

118 Die »Quästoren« verwalteten die Tempeleinkünfte; die »Ädilen« wachten über die öffentliche Sicherheit und Ordnung.

119 Der Fang des erymanthischen Ebers, der im unwegsamen Erymanthosgebirge in Arkadien hauste, ist die vierte der zwölf Taten, die Herakles im Dienste des Eurystheus vollbringen mußte. Zum Wortspiel Verres – *verres* (»Eber«, »Wildschwein«) vgl. 2,4,53.

120 Assoros: innersizilisches Städtchen zwischen Henna und Agyrion (heute Assaro). Vgl. 2,3,47. Chrysas: der heutige Dittaino.

121 Engyon: Städtchen im Inneren der Insel. Vgl. 2,3,103. Die große Göttin Kybele ist eine kleinasiatische Fruchtbarkeitsgöttin. Hier »hat sich Cicero indes geirrt; der Tempel zu Engyon war vielmehr kretischen Gottheiten geweiht, die ›Göttliche Mütter‹ genannt wurden« (Fuhrmann).

122 Die Männer enthielten sich während der Zeit, in der die Frauen die kultischen Handlungen vollzogen, jeglichen Geschlechtsverkehrs.

123 Vgl. 2,4,38.

124 M. Antonius Creticus hatte in den Jahren 74–71 vergebens versucht, ihrer Herr zu werden; erst Pompeius besiegte die Seeräuber im Jahre 67.

125 König von Numidien (gest. 148). Er kämpfte zunächst als Verbündeter der Karthager gegen die Römer, wechselte aber im 2. Punischen Kriege zu den Römern über und wurde ein erbitterter Feind der Karthager.

126 Ceres und Libera waren altitalische-römische Gottheiten der Fruchtbarkeit; sie wurden mit den griechischen Gottheiten Demeter und ihrer Tochter Persephone gleichgesetzt.

127 Von Hades-Pluton, dem Gott der Unterwelt, der die Tochter der Demeter als Braut haben wollte. Da Demeter ihre Zustimmung versagte, raubte Hades die Persephone. Demeter suchte ihre Tochter auf der ganzen Erde und ließ während dieser Zeit kein Getreide wachsen. Schließlich einigte sie sich mit Hades: Persephone sollte zwei Drittel des Jahres auf der Erde, ein Drittel im Hades sein.

128 Proserpina pflückte Blumen dort, als sie geraubt wurde.

129 Der lateinische Name des Pluton.

130 Vor allem die eleusinischen Mysterien.

131 Konsuln im Jahre 133.

132 Sibyllen sind »gottbesessene Frauen«, die es an verschiedenen Orten der damaligen Welt gab. Die Sibyllinischen Bücher waren eine Sammlung von Orakelsprüchen; sie wurden im Tempel des kapitolinischen Jupiter aufbewahrt. In kritischen Lagen und bei schlechten Vorzeichen erhielt das für sie zuständige Priesterkollegium (die »Zehnmänner«, *decemviri*, seit Sulla »Fünfzehnmänner«, *quindecimviri*) vom Senat den Auftrag, die Bücher zu befragen und geeignete Sühnemaßnahmen zu finden.

133 Der römische Cerestempel stand am westlichen Ende des Circus Maximus.

134 Helfer der Ceres bei der Verbreitung des Getreideanbaus. Er ist ein attischer Heros, der Tempel in Eleusis und Athen besaß..

135 Die Priesterinnen trugen mit Wollbinden umwundene Lorbeer- oder Ölzweige als Schutzflehende.

136 Ein anderer Name des Hades-Pluton.

137 P. Popilius Laenas und P. Rupilius waren im Jahre 132 Konsuln. Rupilius schlug den 1. sizilischen Sklavenaufstand (135–132) nieder. Vgl. 2,3,125.

138 Centuripae (heute Centuripe): Sikulerstadt im Inneren der Insel; vgl. 2,3,13. Agyrion (heute Agira): Stadt im Inneren der Insel, zirka 25 km nordöstlich von Henna. Catina (heute Catania): Stadt an der Ostküste Siziliens; vgl. 2,2,120. Ätna: Stadt am Südabhang des gleichnamigen Berges. Herbita: Stadt im Inneren Siziliens; vgl. 2,3,47.

139 Vgl. 2,3,46 ff. 120 ff.

140 Der Ceres-Kult ist eine Übernahme des griechischen Demeter-

Kultes. Er gelangte wohl über Unteritalien nach Rom. Der Ceres-Kult ahmte in seinen Riten den griechischen Kult nach.

141 Vgl. 1,13; 2,3,186; 2,5,92 ff.

142 Am landeinwärts gelegenen Ende.

143 Ortygia.

144 Bis zur Mündung und Zufahrt an der Seeseite.

145 Ein Amtsgebäude in griechischen Städten.

146 Tycha oder Tyche bedeutet *fortuna* »Glück«.

147 Neapolis (griech.) = Neustadt.

148 Nach einem Bezirk, der Temenos hieß.

149 Der Doppeltempel der »Ehre« und der »Tapferkeit« stand in der Nähe der Porta Capena.

150 Agathokles: Tyrann von Syrakus (317–289).

151 Vor der Eroberung einer Stadt riefen die Römer die Götter, die in der Stadt ihren Sitz hatten, aus der Stadt heraus, um bei der Eroberung keinen Gott zu verletzen. Sie konnten dann die von den Göttern verlassenen Tempel ausplündern wie Privathäuser.

152 Den erwähnten Doppeltempel des Honos und der Virtus.

153 Gorgo zu griech. »gorgos« (»schrecklich im Blick und für den Anblick«). Athene trägt ein Gorgohaupt als apotropäisches Zeichen.

154 Ein bedeutender Künstler der Spätklassik (4. Jahrhundert), der vor allem Porträts schuf.

155 Vgl. 2,4,4.

156 Ein von dem Kimbernbesieger Q. Lutatius Catulus (Konsul 102) erbauter Fortunatempel; dort stand eine Athenastatue des Phidias.

157 Sie stand auf dem Marsfeld.

158 Ein Landsitz, nur für Wohlhabende, bei Tusculum (heute Frascati).

159 Vgl. 2,4,6.

160 Ursprünglich ein selbständiger Heilgott, der später mit Apollon, Asklepios u. a. gleichgesetzt wurde.

161 Der lateinische Name des Dionysos.

162 Sohn des Apoll, ein bäuerlicher Segensgott, Erfinder des Ölbaums, der Bienenzucht und anderer landwirtschaftlicher Dinge. Vgl. Vergil, Georg. IV,315 ff.

163 Urios (von griech. »ouros« abgeleitet) bedeutet »günstigen Wind sendend«.

164 T. Quinctius Flamininus, der Sieger über König Philipp V. von Makedonien (Konsul 198).

165 Sie wurde bei dem Brande des Jahres 83 vernichtet; vgl. 2,4,64.

166 An der Mündung des Bosporus. Der Zeustempel mit der Statue stand bei Chalkedon.

167 Der berühmte Mathematiker wurde bei der Einnahme der Stadt von einem römischen Soldaten erschlagen.

168 Diese dreibeinigen Prunktische wurden so genannt, weil sie einem delphischen Dreifuß ähnelten.

169 Mystagogen: eigentlich »Einführer in die Mysterien«, hier: Fremdenführer.

170 Seitdem Sulla die Gerichtsbarkeit den Senatoren übertragen hatte.

171 L. Licinius Crassus, der berühmte Redner, und Q. Mucius Scaevola hatten das Ädilenamt gemeinsam bekleidet und während ihrer Amtszeit besonders glänzende Spiele veranstaltet (um 100).

172 C. Claudius Pulcher: vgl. 2,4,6.

173 Die Bewohner der Stadt Regium; vgl. 2,4,26.

174 Thespiae, Cupido: vgl. 2,4,4.

175 Knidos: Stadt auf der vorspringenden Südwestspitze Kleinasiens; die knidische Venus war das berühmteste Werk des Apelles (4. Jahrhundert).

176 Kos: Insel der südlichen Sporaden; die koische Venus war ein berühmtes Werk des Apelles (4. Jahrhundert).

177 Eine Darstellung Alexanders des Großen, auch ein Werk des Apelles.

178 Kyzikos: Hafenstadt am Südufer des Marmarameeres.

179 Ein Heros, der Gründer der gleichnamigen Stadt auf Rhodos.

180 Kultname des Dionysos.

181 Ein attischer Heros, dem man die Erfindung des Dreiruderers zuschrieb.

182 Myron: vgl. 2,4,5; die Kuh war eines der berühmtesten Werke des Myron.

183 Vgl. 2,2,35 ff.

184 Vgl. 2,3,77 ff.; 2,5,81 f.

185 Vgl. 2,2,186 ff.

186 Dieser Heraclius ist nicht der eben erwähnte Syrakusaner gleichen Namens.

187 Vgl. 2,4,25.145.

188 Vgl. die *Rede gegen Caecilius* 11 und 14.

189 Vgl. 2,4,128. Die griechischen Ringkämpfer pflegten sich mit Öl einzureiben.

190 L. Caecilius Metellus, der Nachfolger des Verres. Vgl. 2,2,12.64.

191 Die römischen Senatoren wurden nach Rang und Alter von dem Vorsitzenden namentlich zur Meinungsäußerung aufgerufen.
192 Der zweite Amtsvorgänger des Verres. Vgl. 2,3,156.
193 Bei Metellus, dem Nachfolger des Verres.
194 Vgl. 2,2,151.
195 Vgl. 2,4,95 ff.; 2,5,103 ff.
196 Cicero genoß dieses Vorrecht schon seit seiner Quästur.
197 Q. Caecilius Metellus Numidicus (Konsul 109).
198 L. Licinius Lucullus: der Vater des bekannten Lucullus; Prätor 104. Er mußte sich nach seiner sizilischen Statthalterschaft einem Repetundenprozeß unterziehen, in dem er verurteilt wurde.
199 Vgl. 2,2,64.138.
200 Vertrauter des Verres vgl. 2,3,101. Durch die List des Verres Jupiterpriester geworden. Vgl. 2,2,127. Der Name bedeutet »von Gott mit Wahnsinn geschlagen«.
201 Vgl. 2,4,15 ff.
202 Vgl. 2,4,24.
203 Vgl. 2,2,51.154.

Zum Text

Der lateinische Text folgt der Ausgabe von G. Peterson, *M. Tulli Ciceronis Orationes*, Bd. 3, Oxford: Clarendon Press, 1907, ^{2}1917 (Repr. 1930 [u. ö.], zuletzt 1978). An folgenden Stellen liegt der Übersetzung eine andere Lesart zugrunde.

	Peterson	*Reclam*
11	persuasum est	persuasum est ei
21	navibus	navibus, non numquam etiam necessario
26	ex Italia cives	ex Italia
43	despoliaretur, si emeras? Quid	despoliaretur? Si emeras, quid
54	Siculos	Siculos negotiatoresque
57	anulos	anulos aureos
70	omni	homines
80	relinques, deseres, patieris, defendes	relinquis, deseris, pateris, defendis
90	religione te his iudicibus vinctum	religioni te ipsum devinctum
110	gemitus fletusque	fletus gemitusque
125	quod erat	quod erant
127	non sustulisset	una sustulisset
128	agninum, codd.: parinum	parvum
135	in tauro	in tauro sedentem
144	laudatores	laudationis
149	potestatem	potestatem oportere

Literaturhinweise

Ausgaben und Übersetzungen

Fuhrmann, M. (Hrsg.): M. Tullius Cicero. Sämtliche Reden. Bd. 4. Zürich/München: Artemis, 1971. [2]1982.

Greenwood, L.H.G.: Cicero. The Verrine Orations. Bd. 2. Cambridge (Mass.): Harvard University Press, 1935. Repr. 1953. [Mit engl. Übers.]

Halm, K.: Die Anklagerede gegen C. Verres viertes und fünftes Buch. [Mit Kommentar.]

Peterson, G. (Hrsg.): M. Tulli Ciceronis Orationes. Bd. 3. Oxford: Clarendon Press, 1907. [2]1917. Repr. 1930 [u. ö., zuletzt 1978].

Sekundärliteratur

Albrecht, M. v.: M. Tullius Cicero. Sprache und Stil. In: Paulys Realencyclopädie der classischen Altertumswissenschaft. Suppl.-Bd. 13. Stuttgart 1973. Sp. 1238–1347.

Büchner, K.: Cicero. Heidelberg 1964.

Clarke, M.L.: Die Rhetorik bei den Römern. Göttingen 1968.

Drumann, W. / Groebe, P.: Geschichte Roms. Bd. 5,2. Leipzig 1919. S. 306–313.

Fuhrmann, M.: Cicero und die römische Republik. München / Zürich 1989.

Habermehl, H.: C. Verres. In: Paulys Realencyclopädie der classischen Altertumswissenschaft. Bd. 8 A 2. Stuttgart 1958. Sp. 1593 bis 1602 (C 4 III. Kunstraub).

Holm, A.: Geschichte Siziliens im Altertum. Bd. 3. Leipzig 1898.

Kölner Arbeitskreis »Lateinische Anfangslektüre«: Modelle für den altsprachlichen Unterricht. Latein. Cicero gegen Verres. Frankfurt a. M. 1975. [Archäologischer Kommentar zu ausgewählten Stellen von Buch 4.]

Zimmer, G.: Das Sacrarium des C. Heius. In: Gymnasium 96,6 (1989) S. 493–520.

Nachwort

Das 4. Buch der Zweiten Rede gegen C. Verres behandelt die Erpressungen und Gewalttaten, durch die sich Verres in Sizilien Kunstgegenstände verschiedenster Art (darunter auch Statuen, weshalb dieses Buch früh den Untertitel »De signis« erhalten hat) zu verschaffen wußte. Dieses Buch ist als archäologische Quelle interessant und zeichnet sich durch Ciceros Meisterschaft der Darstellung aus.

»Graeca capta ferum victorem cepit et artis / intulit agresti Latio« (»Griechenland wurde erobert und eroberte seinerseits den rohen Sieger und brachte die Künste ins bäurische Latium«). Mit diesen knappen und eindrucksvollen Worten beschreibt zur Zeit des Augustus der Dichter Horaz (ep. II,1,156 f.) den Prozeß der Hellenisierung Roms.

Dieser Prozeß setzte schon früh ein. Rom übernahm zunächst zivilisatorische Errungenschaften von den Griechen Unteritaliens: das Alphabet, die Münze, rechtliche Bestimmungen und kultische Einrichtungen. Entscheidend gefördert wurde dieser Prozeß durch die Kriege im Osten. Nicht nur lernten die Römer die Länder des Ostens kennen, sondern umgekehrt strömten viele Menschen aus dem griechischen Kulturkreis nach Rom. Aristokratische Familien (wie z. B. die des Aemilius Paulus) nahmen sich griechische Hauslehrer für ihre Söhne. Diese lernten die griechische Sprache und wurden mit sämtlichen Bereichen der griechischen Kultur bekannt – der Literatur, der Philosophie und der Kunst.

Der Kunst bemächtigten sich die Römer zunächst gewaltsam: sie war Kriegsbeute, die der siegreiche Feldherr im Triumphzug der staunenden Öffentlichkeit zeigte und die er dann in Rom zum Schmuck für Tempel und öffentliche Plätze ausstellte. Im Laufe der Zeit steigerte sich die Sammelleidenschaft der römischen Aristokraten. Man war stolz darauf, seinen Freunden und Gästen eine kostbare Sammlung griechischer Kunstgegenstände zeigen zu können. So besaß

der Redner Crassus kostbare Vasen und getriebene Metallgefäße. Sulla, Lucullus und andere hatten wertvolle Statuen und Gemälde in ihren Villen. M. Aemilius Scaurus, der Schwiegersohn Sullas, nannte eine bedeutende Gemmensammlung sein eigen.

Verres war von der gleichen Sammelleidenschaft besessen. Er unterschied sich von den anderen höchstens durch seine skrupellosen Methoden und seine Maßlosigkeit in der Jagd nach Kunstgegenständen. Nichts war sicher, was ihm vor die Augen kam und sein Verlangen weckte oder was seine sachverständigen Spürhunde, die beiden Brüder aus Kibyra, für ihn aufspürten (31.33.47.52), weder die Häuser reicher Sizilier oder in Sizilien lebender Römer noch die öffentlichen Gebäude, Plätze oder Kultstätten (1.2). Verres lasse sich nur von Gewinnsucht leiten, ihm fehle jede Bildung und Kunstkenntnis, erklärt Cicero wiederholt (32.33.98.124.127). Daß Verres aber nicht der ungebildete Räuber war, zu dem Cicero ihn zu stempeln versucht, ist mit Recht betont worden (Fuhrmann, Zimmer). Er war kein Neuling auf dem Gebiete des Kunstraubes, als er nach Sizilien kam; er hatte Erfahrungen schon während seiner Gesandtenreise in Asien gesammelt und dort Proben seines Sachverstandes, aber auch seiner Skrupellosigkeit abgelegt (2,1,46 ff.).

Verres eignete sich in Sizilien Kunstgegenstände in einem Ausmaße an, daß er damit nicht nur seine Häuser und Gärten anfüllen, sondern auch seine Freunde und Standesgenossen reichlich beschenken konnte. Er brachte mit Gewalt in seinen Besitz: die Statue der Diana von Segesta (72 ff.), die des Merkur von Tyndaris (84 ff.), die altehrwürdigen Ceresstatuen von Catina und Henna (99 ff. 105 ff.) – Kultbilder, die eine große religiöse Verehrung genossen und deren Raub von der einheimischen Bevölkerung als nationales Unglück empfunden wurde. Er verschaffte sich Meisterwerke der griechischen Bildhauerkunst des 5. und 4. Jahrhunderts: einen Apoll des Myron, (93) einen Cupido (Eros) des Praxiteles aus Marmor, einen bronzenen Herkules des Myron, zwei bronzene Kannephoren des Polyklet (4 ff.), ein Sap-

phobildnis des Silanion (125 ff.), eine Apollostatue (37), eine Bildsäule des Apollo Paean, eine Statue des Aristaios, ein Bildnis des Zeus Urios (Jupiter Imperator) – Werke, deren Schöpfer Cicero nicht zu nennen weiß (127 ff.). Außer den Großplastiken raubte Verres kleinere Schmuckgegenstände: Statuetten (95 f. 110), Elfenbeinschnitzereien, darunter alte elfenbeinerne Nikebilder (103 f. 124), 27 Porträtbilder sizilischer Könige und Tyrannen, darunter ein vorzügliches Gemälde, das eine Reiterschlacht des Agathokles darstellte (122 f.), einige *phalerae* (Brustschmuckplatten für Pferde), darunter eine besonders kostbare, die dem König Hieron von Syrakus gehört haben soll, sowie Fingerringe mit geschnittenen Steinen (29.57 f.).

Um seinen Hang zu Luxus und Prunk zu befriedigen, verschaffte sich Verres kostbare Tische aus Lebensbaumholz und Marmor (37.131), gepolsterte Speisesofas, Bettgestelle mit bronzenen Füßen. Die Decken dafür ließ er an vielen Stellen anfertigen (58 ff.) bzw. besorgte sie sich durch Raub (27 f.). Auch an Leuchtern war er von jeher interessiert (60; vgl. 2,183). Besonders angetan aber hatte es ihm ein mit Edelsteinen verzierter, massiv goldener Kandelaber, den er dem durch Sizilien heimreisenden König Antiochos von Syrien hinterlistig abgenommen hatte (64 ff.). Eine Schwäche hatte Verres schließlich für Tafelgeschirr und Opfergeräte aus Silber. Er bestahl nicht nur Einzelpersonen, sondern ganze Städte (50 ff.). So besaß er in Menge Becher, Krüge, darunter eine herrliche Hydria des Bronzegießers und Toreuten Boëthos (3. Jahrhundert), kostbare silberne Trinkhörner, Schüsseln mit kleinen Figuren und Götterbildern (*patellae*), Schalen, die die Frauen bei Opferhandlungen gebrauchten (*paterae*) und Weihrauchgefäße (*turribula*) sowie korinthische Gefäße (32.35 ff. 46 ff. 63.97 f.131). Verres war in vielen Fällen nicht so sehr an den Geräten interessiert wie an dem figürlichen Schmuck. Er ließ die äußeren Schmuckbleche oder die innenliegenden Embleme abreißen. »Nachdem er eine so große Menge von Reliefs gesammelt hatte, daß er niemandem auch nur ein Stück beließ, richtete er im Königs-

palast zu Syrakus eine riesige Werkstatt ein. Öffentlich läßt er alle Künstler, Ziseleure und Gefäßbildner zusammenrufen; er hatte auch selbst mehrere eigene. Die Handwerker schließt er ein, eine große Menge von Leuten. Acht Monate lang ohne Unterbrechung fehlte es ihnen nicht an Arbeit, obwohl nur goldene Gefäße angefertigt wurden. Da ließ er die Teile, die er von den Schüsseln und Weihrauchgefäßen abgerissen hatte, so geschickt an den goldenen Bechern befestigen, so passend in die goldenen Trinkgefäße einfügen, daß man meinen konnte, sie seien von vornherein dafür bestimmt gewesen.« Der Prätor selbst verbrachte den größten Teil des Tages in der Werkstatt, mit einer dunklen Tunika und einem griechischen Überwurf angetan, was Cicero für den Prätor in einer Provinz als den Repräsentanten der römischen Staatsgewalt für ungehörig hält (54). Auch kuriose Dinge befanden sich in der Sammlung des Verres: Panzer und Helme aus Erz, Elfenbeinzähne und riesige Bambusstangen (97.103 f.125).

Verres gab zu seiner Verteidigung an, er habe alle Kunstgegenstände gekauft. Cicero macht dagegen geltend, daß man in Rom jegliches Kaufen in der Provinz verboten habe, weil man wußte, daß es für den Statthalter bei seiner Machtfülle leicht sei, den Preis zu bestimmen. Nach Meinung der Alten handle es sich in diesem Falle nicht um Kauf, sondern um Raub (8 ff.). Cicero betont außerdem, daß Verres keine Belege für einen Kauf beibringen könne, da er – wie er selbst erklärt – während der drei Jahre seiner Statthalterschaft keine Bücher geführt habe (36). Wenn sich ein Sizilier wie etwa Heius aus Angst bereitfand, seine wertvollen Kunstwerke zu verkaufen, so handelte es sich um einen Scheinkauf. Verres zahlte nämlich für die Statuen des Praxiteles, Myron und Polyklet 6500 Sesterzen, obwohl eine nicht besonders große eherne Bildsäule bei einer Versteigerung in Rom 40000 Sesterzen erbrachte (12 ff.).

Die Gliederung der Rede ist einfach, aber wohlbedacht. Sie zerfällt in zwei Hauptteile: der erste Teil behandelt die Freveltaten, die Verres an Privatpersonen beging, der zweite

die Plünderung von Tempeln und öffentlichen Gebäuden (3–72.72–151). Die Fülle des Stoffes ist durch drei besonders herausgehobene Episoden gegliedert. Am Anfang und am Ende stehen zwei größere Abschnitte über Heius von Messana und über Syrakus (3–28.115–151). Das ist nicht ohne Absicht. Cicero will hervorheben, wie wenig Gewicht für die Entlastung des Verres den Aussagen selbst der Gemeinden beizumessen ist, die in der besonderen Gunst des Verres standen und an seinen Schandtaten beteiligt waren, die sich deshalb an der Klage gegen ihn nicht beteiligt, sondern vielmehr Gesandtschaften nach Rom geschickt hatten, die ihm ein lobendes Zeugnis ausstellen sollten. In der Mitte steht der Abschnitt über Antiochos (60–72) als Bindeglied zwischen dem ersten und zweiten Hauptteil. Cicero schildert dort, wie hinterhältig Verres als offizieller Vertreter Roms gegen einen befreundeten und verbündeten König handelt.

Cicero will in dieser Rede den Anschein erwecken, als verstehe er von griechischer Kunst nicht viel. Er tut so, als ob er die Namen der griechischen Künstler, von deren Werken er spricht, erst jüngst, während er die Untersuchung gegen Verres in Sizilien führte, kennengelernt habe und sich nur mühsam an sie erinnere; er beteuert, daß er den Wert von Kunstwerken nicht besonders hoch einschätze (4 f.13.33.94). Das darf man nicht allzu ernst nehmen. Cicero will vor dem Volk nicht als Graeculus erscheinen. Das verträgt sich nicht mit der Würde eines echten Römers. In Wirklichkeit kannte sich Cicero nicht nur in der Literatur und Philosophie, sondern auch in der Kunst der Griechen besser aus als die meisten seiner Zeitgenossen.

Für Cicero erfüllen die Vergehen des Verres den Tatbestand der Erpressung, der Unterschlagung, des Hochverrates und der Grausamkeit (88). Am schwersten aber wiegen nach seiner Meinung, wie er immer wieder betont, die Plünderung der Tempel und der Raub von Kultstatuen und heiligen Opfergeräten, weil sie eine Beleidigung der Götter und eine Verletzung der religiösen Gefühle der Menschen darstellen.

Für Cicero geht es nicht in erster Linie um ein Kunstinteresse wie für Verres, bei dem es sich »um einen Kunstsammler handelte, der sich losgelöst von moralischen Qualitäten mit Kunstwerken befaßte. Cicero als Vertreter der konservativen Ideologie in Rom, wie es für seine Laufbahn als *homo novus* leicht verständlich war, kann Kunst überwiegend im Rahmen eines moralischen Wertesystems erfassen. Das Werk ist für ihn nur einzuordnen in die Sphäre von *religio* und *pietas*«. (Zimmer.)

Inhalt

Römische Literatur

IN RECLAMS UNIVERSAL-BIBLIOTHEK

Cicero

De finibus bonorum et malorum / Über das höchste Gut und das größte Übel. Lat./dt. 543 S. UB 8593

De imperio Cn. Pompei ad Quirites oratio / Rede über den Oberbefehl des Cn. Pompeius. Lat./dt. 88 S. UB 9928

De natura deorum / Über das Wesen der Götter. Lat./dt. 480 S. UB 6881

De officiis / Vom pflichtgemäßen Handeln. Lat./dt. 455 S. UB 1889

De oratore / Über den Redner. Lat./dt. 653 S. UB 6884

De re publica / Vom Gemeinwesen. Lat./dt. 416 S. UB 9909

Drei Reden vor Caesar. Für Marcellus. Für Ligarius. Für den König Deiotarus. 64 S. UB 7907

Epistulae ad Atticum / Briefe an Atticus (Auswahl). Lat./dt. 279 S. UB 8786

Epistulae ad Quintum fratrem / Briefe an den Bruder Quintus. Lat./dt. 251 S. UB 7095

Laelius, Über die Freundschaft. 87 S. UB 868

Philippische Reden gegen M. Antonius. Erste u. zweite Rede. Lat./dt. 200 S. UB 2233

Pro M. Caelio oratio / Rede für M. Caelius. Lat./dt. 159 S. UB 1237

Pro A. Licinio Archia poeta oratio / Rede für den Dichter A. Licinius Archias. Lat./dt. 56 S. UB 1268

Pro P. Sestio oratio / Rede für P. Sestius. Lat./dt. 205 S. UB 6888

Rede für Sextus Roscius aus Ameria. Lat./dt. 148 S. UB 1148

Rede für Titus Annius Milo. Mit d. Komm. des Asconius. Lat./dt. 160 S. UB 1170

Rede über den Oberbefehl des Cn. Pompeius. Rede für den Dichter A. Licinius Archias. 64 S. UB 8554

Reden gegen Verres I. Lat./dt. 130 S. UB 4013 – *II.* 168 S. UB 4014 – *III.* 208 S. UB 4015 – *IV.* 261 S. UB 4016 – *V.* 183 S. UB 4017 – *VI.* 200 S. UB 4018

Über den Staat. 189 S. UB 7479

Über die Rechtlichkeit (De legibus). 150 S. UB 8319

Vier Reden gegen Catilina. 88 S. UB 1236

Vier Reden gegen Catilina. Lat./dt. 149 S. UB 9399

Philipp Reclam jun. Stuttgart